子供がずっと欲しかった

はあちゅう

事実婚妻が体験した
妊娠・出産のこと、全部。

幻冬舎

長いはじめに

陽性反応

２０１９年の１月に、妊娠がわかりました。

妊娠判定の陽性が出た時は、「嘘だ」と思いました。なんと言っていいのか……すべてが理想と違ったのです。子作りを始めて半年たって、妊娠検査薬の結果を見るのが怖くなっていた頃だったので、１回目の妊娠検査薬の陽性反応は、信じられなくて誰にも見せずに捨てました。

待望の妊娠だったはずなのに、いざそれが現実になると「これからすべてが変わってしまう。果たして自分は本当に心の準備が出来ているのだろうか」と改めて覚悟を突きつけられるようで、心が考えることを拒否したのかもしれません。

陽性反応を見て、100%幸せな気持ちで、夫と一緒に、「やったー!」と叫ぶ日を毎日のように夢見ていたのに……。実際は自室でしんみりと確認し、検査薬を箱に戻して丁寧に捨てました。翌日、もう一度検査すると、やっぱり陽性だったので、ようやく「これは妊娠しているのかもしれない」と信じることが出来て、そこから脳みそがじわじわと「妊娠」を受け入れていった気がします。

それまでは、毎月生理が来るたびにがっかりして、謎の罪悪感にかられる自分の心にクッションを作るために「長くかかるかも……」という方向に脳みそを固めていました。だから、頭と心を真逆の方向に向かわせるためには、陽性反応をパートナーにさえ見せずに、一人で向き合う時間が必要だったのかもしれません。

健康な夫婦でも自然妊娠は1年は見たほうがいいと言われているので、約半年で出来た私たちは今振り返ってみると早いほうだったと思います。けれど私の妊活は、体のトライを始めるずっと前から始まっていました。周りの友人――特に仲良しなメンバーたち――が次々と妊娠・出産し、彼女たちのSNSが子育て中心になっていくのを見て、気持ちが先走っていた分、焦りも大きかったのです。

子供はいつか欲しいとずっと思っていたけれど、20代のうちは、なかなか「今だ」と思える時期はありませんでした。いつだって出産も子育ても「あと少し先」にあって、どこか夢のような想像の域を出ることはなかったように思います。でも、たまにSNSで、同級生たちの「上の子が小学校に入学★」とか「今日は遠足のお弁当を作りました！」なんて投稿を見てしまうと、夏休みの宿題を私だけがしていないような……やるべきことを後回しにしているような不安に見舞われることがありました。別に子供を持たないことは悪いことではないし、それぞれにとっての「自分のタイミング」があることもわかっているはずなのだけれど、同時に体の機能のタイムリミットや子供の頃に思い描いていた幸せな家族像が頭をよぎるのでした。

そんな私がやっと「今だ」と思ったのは2017年の夏。

長い間の夢だった純文学小説の単行本（『通りすがりのあなた』講談社）の発売を1ヶ月後に控えて、「私の人生の次の目標はなんだろう？」と改めて考えました。新卒で入った広告会社に2年強。転職先のベンチャー企業で3年弱。合計約6年の会社員生活を経てフリーランスになった私は、独立してから「SNSを仕事にする」「テレビにたまに出る」「都内に住む」「エッセイを出版する」など、20代で漠然と持っていた夢を、すべてとまではいかなくてもそれなりに叶えることが出来ていました。なかでも純文学デビューは長年の夢だったこともあり、その実現がようやく見えた時、「そろそろ仕事以外で人生の力点になるものが欲しい」という気持ちが猛烈に高まりました。それが私にとっては子供だったのです。

その頃から、当時はまだ世間に関係を公表していなかった彼に「子供が欲しい」という話をし始めました。それまでにも「いつかは」ということは話していたけれど、具体的な時期の話をしたのは初めてでした。ただ、彼はすでに、若い頃に離婚した元奥さんとの間に子供がいたことや、仕事が順風満帆なことを理由に「もう少し先がいい」と乗り気ではありませんでした。そんな彼の気持ちを子育てに向けようとじわじわとプレッシャーをかけていたら、（私にとってはじわじわでも、彼にとってはかなり重かったらしく）あっけなくフラレてしまいました。そのあたりのことは別の本（『旦那観察日記～ＡＶ男優との新婚生活～』スクウェア・エニックス）に書いているので、それを読んでもらうとして、その4ヶ月後に、復縁しようと彼が言ってくれた時、私から出した譲れない条件の一つが「子供を持ちたい」でした。彼は一度私と離れて一人の時間を満喫したことにより、「子供を持ち、家族になっていく」ことに前向きになってくれたようで、その条件をのんでくれました。

子供だけが欲しいなら、いろいろ別の方法も考えられたかもしれませんが、私の場合、「子供が欲しい」には「愛する人との子供」を「一緒に育てる」ことまで込みだったので、彼が乗り気になってくれないと何も始まらないのでした。そして、彼の気持ちも固まったことで、ようやくスタート地点に立てました。それが、２０１８年の2月末のこと。

私のほうは、彼の気持ちが変わらないうちに「一刻も早く、明日からでも子作りを！」という前のめり具合だったのですが、彼は仲良しの男友達と「新元号生まれの子供がいいね、そして一緒に子育てをしよう！」なんて話で盛り上がったらしく、「新元号生まれになるように、子作りをしたい」と言い始めました。――まさかこんなところで元号が出てくるなんて夢にも思わなかったです。平成生まれだろうと次の元号だろうと、顔に元号が書かれて生まれてくるわけでもあるまいし、一体どんなこだわり……と内心思ったものの、出産に関しては、彼のほうが私の希望を尊重して歩み寄ってくれたように感じていたので、それがたとえ私にはよくわからない希望であったとしても、私も彼の希望を最大限尊重するのが筋だと思いました。「ガンダム」を見たことがない私には、ガンダムオタクが語る魅力は理解出来ないけれど、その人がそれをとても好きで、大切だという気持ちは理解出来るし尊重します。それと同じで「理解出来ないけれど、尊重する」という態度は、どんな関係を築くにしても必要不可欠なことだと思っています。

そんなわけで、逆算して「子供が新元号生まれになる」ことが確実になる２０１８年の夏から本格的に子作りを始めました。そして、夫と新元号ベイビーの約束をしていた友人は、見事にたった1回の挑戦で子供が出来たのです。おめでたの報告を聞いて「我々も続かなくては……」という気持ちも湧き、すでに付き合いも長く、関係の落ち着いていた彼と大いに照れながら、子作りに挑戦しました。

夫との子作りに関しては、前の奥さんとの間に短期間で子供を2人も作っている実績から（向こうは双子ちゃんです）、妊娠力の強さを勝手に信じており、たった数回の挑戦で、私は完全に「妊娠したかも……！」と思ってしまいました。その時期、今から思い返せばただの風邪だったのですが、体調の悪い日が数日あったので「妊娠　超初期　具合悪い」などというキーワードで調べまくり、妊娠したつもり満々で、ノンカフェインコーヒーを頼んだりしていました。ところがそのすぐ後にあっけなく生理が来てしまい、そこで初めて「あれ、おかしい……」となり、病院に行きました。

婦人科のお医者さんに生理の記録やエコーで子宮周辺を見てもらって、初めて私は、「これまで全く見当違いの、出来るはずのない日にトライしていた」ことに気づき、完全なる無駄撃ちをしてしまったことに心が砕けました。排卵日を狙ったつもりだったのですが、私の生理周期は正常な周期からズレていたことが病院で初めてわかったのです。こんなことなら、もっと前から通院してタイミングを計るべきでした。夫と復縁した2月からたっぷりと時間はあり、病院で生理周期と排卵日を把握するくらいのことは出来たはずなのに、まるでそんなことに気が回らなかった自分の迂《う》闊《かつ》さを呪いつつ、その時点で「もしかして、これ、長くかかるかもしれない……」と未来への不安が早くも頭をよぎりました。

私は、婦人科系が昔から弱かったのです。そんなことは前からわかっていたはずなのに、子作りを始める前になんで検査に行こうと思わなかったのか。高校時代、たった半年の無理なダイエット（ほぼ絶食していました。拒食症の一歩手前です……）で体がボロボロに壊れ、その後生理が自然には来なくなり、6年間婦人科に通院しなければならなかったことや、20代後半からは生理痛も排卵痛もひどく、鎮痛剤を飲む日が年々増えていたことや、自分の年齢を考えても、ノロノロしている場合ではなかったのに、なぜ私は通院という発想にすぐに至らなかったのか……。妊娠に備えてネットでググりまくり、「妊娠中は歯の治療が困難」「歯も磨けないくらいつわりがひどい人がいる」という情報を得て、虫歯治療と歯のクリーニングは完璧に終えていたけれど、よく考えたら、歯のケアの前に子宮の検査じゃん。どう考えても、妊娠で一番使うのそこじゃん――という心境でした。

そこから、不妊治療専門のクリニックで排卵を見てもらう日々が始まりました。後から知ったのですが、最も妊娠の可能性が高いと思われる排卵日を予測し、その日に性交渉をもつことを「タイミング法」と呼ぶそうです。結果からいうと、我々は何度かのタイミング法を経て、子供を授かったことになります。

通院し始めてから「卵子の寿命は排卵後約24時間、精子の寿命は2〜3日」という衝撃の事実を知りました。セックスというものが自分の人生に登場してからコンドームは常に必需品で、それをどう親から隠すか、彼氏がこっそり外していないか、はたまた破れていないか、とセックスに関する悩みの半分くらいは避妊に関すること、それも「作らない努力」で私のこれまでの人生は埋め尽くされてきたのに、そのほとんどが無駄であったことを33歳にして初めて知ったのです。保健体育で習った覚えもありません。

「というか、24時間しか卵子が生きてないってことは、めっちゃピンポイントでセックスしないと子供出来ませんよね……？」とお医者さんを質問攻めにしたら、正確には「6時間から24時間」だということで、卵子が受精をする力を持っているのは本当に限られた時間だということがわかりました。そんな短命なものを1ヶ月に1回迎えるために、我々女子は人生の半分を振り回されていると思うと、なんだかため息が出ます。

そして、精子はそれよりももう少し長く生きているので、卵子が生きている間に精子が女性の体内でも生き残っていて、タイミング的に重なれば着床——ということだけれど、卵子と精子が両方とも生きていても、着床率は30％だそうです。つまり、健康な男女が排卵日に性交をして、妊娠する確率がたった3割!!

先生は「野球の打率で考えると、だいぶ高いでしょ」と言ったけれど、野球を見ない私にはピンときません。私の人生で馴染みがある「確率」といえば受験の時の合格率判定テストですが、判定テストで志望校への合格率が30％となれば、それはもう不合格に限りなく近いのです。その程度の合格率で「よっしゃーー！」なんてガッツポーズをしている人は見たことがありません。「え、子供を授かるってそんなに奇跡的なことなんですか？」という衝撃を受けました。

頭の中を、これまでの人生で見聞きした「望まない妊娠エピソード」が走馬灯のように駆け抜けていきます。

――中学2年生の時、隣の中学の子がうっかり妊娠しちゃって、中絶して転校したって聞いた。大学時代、生理が来ないって同じサークルの子が悩んでた。男友達が、彼女を妊娠させちゃって、中絶費用を稼ぐためにバイトしまくってるって言ってた――そんな記憶が次々と特急電車が通過するが如く頭の中をよぎり、「それらすべて、奇跡的な確率で出来た子供だったんだな……そして私も、そんな奇跡の賜物としてこの世に存在しているのか……」と遥かなる気持ちになりました。

とにかく、妊娠に関するすべてがそうやって「聞いてないよ……もっと早く教えてよ……」の連続で、そこから血液検査、性病検査、パンツを脱いで足をパカッと開脚する内診などが日常に登場する日々が始まったのです。卵子が20ミリに達すると排卵直前だということも、この通院時期に初めて知りました。もしかしたら教科書とかに書いてあったのかもしれないけれど、毎月1回我が身を苦しめまくる生理というものが、一体どういう仕組みで起こり、体の中で何が起こっているかについて、これまであまりにも無頓着であったことを噛みしめました。

不妊治療クリニックでは毎回、卵子の成長を診てもらい、「もうすぐ排卵！」という時期を予想してもらいました。卵子の成長具合に通院頻度は左右され、先生から「明後日は病院に来れるかな？」などの突然のリクエストもあったため、途中で病院を変えざるを得ませんでした。

友達の紹介で通い始めた最初のクリニックは、先生がとても優しく熱心で信頼出来たけれど、電車で行くには不便な場所で、タクシーで往復８０００円。数回しか通うつもりがなかったから、高くても「まあいっか」と思っていたけれど、日常的に通院し、頻繁に行く必要があるとなると話は別。その次のクリニックはネットに口コミなどもないところだったけれど、家から近いことを最優先させて選びました。変えてみてやっぱり正解だったので、これから妊活・不妊治療のためにクリニックを探す人には、「通院が長くなっても、通うことがストレスにならない」を選ぶ時のポイントにすることをオススメします。

クリニックを変えてからは、排卵誘発剤というお薬を使い始めましたが、家に近いクリニックに変えたのに、夫が一度もクリニックに付き添ってくれないことがこの頃は少し不満でした（前のクリニックにも「遠い」という理由で一度も来ていません）。

早起きしてその日の予定を潰してクリニックに行くのも薬を飲むのも、排卵日を夫に伝えるのも私。排卵日についてちゃんと伝えたにもかかわらず「いつだっけ？」と聞き返された日には反射的に「タトゥーで顔に彫れば？」と返しました（冗談ですけど）。

　夫は私よりも「子供が欲しい」と思っている期間が短かったことと、生来おおらかな性格なために、そこまで焦っている様子はありませんでした。対して私は生真面目で……と書くと聞こえはよいけれど、きちきちしている分、ものごとが計画通りに行かないことに弱く、精神的に追い詰められやすいのです。そして、クリニックに何度も何度も足を運んでいるうちに、私ばかり頑張っていると思ってしまい……とはいえ「排卵誘発剤、あなたも注射してよね」と夫に言うわけにもいかないし、なんだか心に溜まったモヤモヤは解決しないまま時間が過ぎていきました。

　夫に自分の気持ちを打ち明けても、それはなんとなく「私の不満を聞いてもらった」ような感じがしました。妊娠に関することすべてにおいて、女と男は全く同じ熱量や体験を分かち合うことは出来ず、たとえ一緒にその場にいようとも、立場も当事者意識も全然違うということが、妊活時点で私が悟ったことのひとつです。もう少し段階が進んで、本格的な不妊治療が始まれば共同作業感は強まるのかもしれないけれど、妊活も家事と同じで、本来女が責任者である領域を男がサポートしてあげる、という感覚が世の中にのさばっているように思いました。――とはいえ、そもそも人間は一人ひとり違うのであって、私が夫の気持ち・価値観すべてを理解出来ないのと同じように、彼も私をまるっと理解出来ないのは当然で、その決定的に別の生き物同士が、互いに折り合いをつけながら、数々の困難を乗り越え、共に人生を歩んでいくのが結婚というものなのかもしれない……とかそんなことを思いながら、胸に湧き上がる不公平感をなだめていました。

ちなみにこのエッセイはあくまで私の立場で書いているので、夫には夫の言い分があると思います。私には見えていなくて、夫が表で語っていない苦労もあるかもしれないな、と思いながら読んでください。

例えば、夫の周りでは、妊活中はおろか、子供を授かっても妊婦健診などには一切一緒に行かない男性も多いそうです。中には出産の立会いもせず、生まれて数日後に初めて我が子を抱いたという旦那さんもいました。その人たちに比べれば、妊婦検診にほぼ毎回付き添ってくれて、両親学級にも出てくれた夫は、良い夫なのかもしれません。でも、私と彼と二人の子供なのに「毎回付き添ってくれて……」と私が恩を感じるのはおかしい気もします。このあたりの話は、相手にやってあげたことを主張し合うのではなく、やってくれたことに対して、深く考えずに「ありがとう」と感謝しておくほうが幸せでいられる気がしています。

……とまぁ、結論の出ない不公平感にはフタをしながら二つのクリニックに通院し、排卵誘発剤を何度か打った後の子作りで、私は妊娠しました。「判定薬で陽性が出たんですけど……」と通っていたクリニックに連絡した翌日、お医者様にも妊娠のお墨付きをもらい「とはいえ、まだ安心出来ませんから」と注意を受けつつ帰宅し、約1週間後に心拍確認。

思ったより、遅かったような、また早かったような気もしたけれど、とにかくお腹の中に今、生命の兆しがあるのだということは、これから始まる未知の心身の変化への不安も含みつつ、とびきり嬉しいことでした。

たった半年の妊活経験では、苦悩を語る資格はないのかもしれませんが、子供が欲しいのに授からないかもしれないつらさを味わったことは、私が本やネットで妊活を発信するきっかけになりました。それまでは、「子供を持つ」なんてことは、望めばほぼ確実に叶えられる願望で、高望みでもなんでもないと思っていました。けれど、望んでも叶えられない期間、そしてその後の、苦労続きの妊娠・出産期間は、命の尊さを改めて学べた気がします。

これまで私が乗り越えてきた「苦しいこと」の一例として、受験や就職活動を挙げるなら、それらは完全に公平とまではいかないものの、ある程度の努力が通じる世界でした。いつからいつまで何を頑張ればいいかが予めわかっているし、努力の量も自分で調整出来るし、期間も区切られている。けれど、妊活はゴールや頑張りどころが見えないのです。毎月「今度こそは出来たかも」と思って心の準備をして、それが勘違いだった時の落胆ときたらありません。いつのまにか「今度こそは」という祈りは「きっと今回も出来てないよ」という自己防衛を兼ねたマイナス寄りの確認作業になっていました。

妊娠がわかるまでは、私の体に妊娠能力がないことへの不安がありました。だから、妊娠した時は「少なくとも私の体は妊娠可能な肉体なのだ」と安堵しました。――それが正直な気持ちで、その時はまだ、子供が生まれることへの感謝とか、そんな気持ちは到底湧きませんでした。

それよりも、病院で何度も何度も警告された「初期流産」を恐れる気持ちが強かったです。初期は「まだ喜ぶのは早い」と、ずっとブレーキをかけていました。心のどこかが浮足だっているような、でも、どこかでそれをおさえなければいけないと思っているのは、高校受験の時に第1志望だった慶應義塾女子高等学校に補欠合格となり、「もういっそ落としてくれたら気持ちがラクになるのに！」と思いながら繰り上げ合格を待っていた時の心境に似ていました（その後、繰り上げ合格の連絡は来ず、第2志望の慶應義塾湘南藤沢高等部に通うことになりました）。

私の通っていたクリニックのお医者さんは妊娠判明時「おめでとう」と言ってくれなかったけれど、それは、初期流産の確率の高さから、「おめでとう」と言える段階ではないのだ、と友人から教わりました。実際、私の周りでも流産を経験している人は何人もいたし、様々な妊娠・出産エッセイを読んでいたら、著名人の方の中にも流産を経験している人が大勢いました。そんな事実を目の当たりにして、私も「たった半年でトントン拍子に事が運ぶはずはない」という気持ちが募っていきました。繰り上げ合格を待って結局ダメだった受験の時と同じように、妊娠したと思ったらやっぱりダメだったって展開じゃないかな……そんなネガティブな想像をずっと頭の中でしていました。

「今お腹にいる子がダメになったら、私の心は耐えられるだろうか……」という気持ちと、「そんなはずない。大丈夫」という気持ちが交互にきて、考えたからといって何かが変わるわけでもないのに、それ以外の思考が入ってくる余地がないほど、頭がまだ生まれてもいない「子供」でいっぱいの毎日が始まりました。

「流産するかも」と、あまりに考えたせいでしょうか。病院で下腹部のエコーを見ても、命が自分のお腹の中に存在している実感が湧きませんでした。まだ人間の形なんて全然していなくて、心拍確認の時に黒い勾玉《まがたま》のような影の、真ん中が小刻みに動いているのを指して「これが心臓です」と先生が言ったから、思わず涙が出たけれど、そもそもなんで涙が出るのかもよくわかりませんでした。「子供＝可愛く尊くありがたいもの」というＤＮＡが私の頭の中にインプットされているから、まだ人間の形さえしていない状態でも、反射的に涙が出るんだろうか。そんなことを考えること自体、ひねくれているんだろうか。でも、同時に「まだ人間の形すらしていない段階で、自然に涙が出るのだから、これって私の奥に母性というものが、眠っていたということなのかな……」とも思えました。

実感が湧いたのは、胎動をしっかり感じた妊娠6ヶ月以降です。その頃になってようやく「お腹の中に何かがいる」という感覚が「子供がいる」に変わりました。それくらいまではお腹の中に存在しているものが「子供」とは思えなかったし、思わないようにしていました。可愛くないわけではないけれど、それでもやっぱり、「子供」という言葉がしっくりこなかったし、失う可能性を考えると、「子供」という言葉を使うのが怖かったです。

目次

陽性反応 ── 長いはじめに 1
○リアルタイムに発信することの喜びと難しさ ── 妊活への後悔 22
○私の体は底知れない宇宙だった ── 妊娠の症状 29
○私は自分に備わっている機能を知らない ── おっぱいの真実 40
○新しい乳首を発見した日 ── ホルモンの脅威 44
○太ることが怖かった ── 肌荒れ、情緒不安定、体形変化 48
○禁止されると欲しくなる ── 妊婦の不便 51
○おばあちゃんモードと人生の断捨離 ── 性欲の消失 58
○妊娠に慣れ、でもスケジュールはスカスカに ── 妊娠中期 67

○まさかの妊娠糖尿病 ―― 妊娠後期スタート 75

○露出も収入も減って、フェミニズム本を買い漁った ―― 妊娠9ヶ月 83

○分娩に痛みは必要ですか? ―― 無痛分娩と産院の決め方 89

○彼の「家」ではなく、「彼」と結婚したかった ―― 事実婚を選んだ理由 92

○形式も儀式もいったん忘れてみた ―― 事実婚の手軽さ 98

○結婚と事実婚の違い ―― 事実婚のデメリット 103

○AV男優と結婚するために宗教を変えた ―― 価値観は変わる 110

○性欲と愛情は別もの? ―― 恋愛と結婚は違うかも 118

○家族は慣れれば大丈夫 ―― 子供への性教育 120

○その人の歴史ごと愛したい ―― プロフェッショナルへの敬意 124

○誰もがどこから見てもセーフな人間のはずがない ―― 視点が違えば 128

○ ツイッターのフォローをゼロにして起きた変化 ―― 他人フィルター 133
○ 「母の顔になっている」に覚える違和感 ―― 誰かを傷つける言葉 137
○ SNSで妊娠・出産を発信するということ ―― 少しだけアドバイス 141
○ ギリギリの出産準備 ―― 臨月、そして出産 146
○ 無痛分娩のリアルタイム記録 ―― 前日～出産の日記 150
○ 想像を超えた痛みも一瞬で忘れた ―― 出産直後 164
○ 休むことを恐れていたけれど、人生って長い！ ―― 産後の仕事事情 171
しなくていい苦労はしなくていいと思う ―― おわりに 178
巻末付録 185

全部忘れたくない。

リアルタイムに発信することの喜びと難しさ

妊活への後悔

妊活に関しては、「もっとこうしておけばよかった」と思うことだらけです。妊活の発信をし始めて、コメント欄で初めてドラッグストアで買える「排卵検査薬」があることを知ったし、ああすればよかった、こうすればもっと安く済んだ、など後悔の連続。何よりもっと早く病院に行っておけば、こんなにも焦ったり悲しくなったりしなくて済んだのに、というのが一番の後悔です。

仲良しの友人たちが、苦労なく子供を産んでいるように思えたので（あとから聞いたら流産を経験した子や、出産時、子供や自分の命が危ない状態だった子もいたのだけれど、そんな込み入った話を聞く前は、私の目にはみんなの苦労が見えていませんでした）、「自分もすぐに出来るはず」

と思い込み、子供を作ることが時に困難だということに全く考えが及ばなかったことが、私の焦りを加速させたように思います。

女性で、特に地方に住んでいる方の中には経験したことがある人もいるだろうけれど、私も結婚してから「子供はいつ？」とよく聞かれました。これは私がインターネットという匿名の不特定多数の人を相手にした場所を仕事の主戦場にしていることも関係しているだろうけれど、結婚する前は「いき遅れ」「彼氏いないの？」「結婚しないの？」「需要のないババア」「性格が悪いから、結婚なんて出来ない」などと言われ続け、結婚したら次はそれが「子供は？」「産まない女は子宮の無駄遣い」「家で旦那さんに相手してもらえないから、子供が出来ないんですか？」などの言葉に変わりました。ここまでひどい表現でなくとも、女性は社会から、結婚、子作りのプレッシャーを受けがちです。

女性の人生は難しいものですね。もちろん、これらの「結婚は？」「子供は？」と同様の質問を男性も受けているのかもしれないけれど、やはり女性が受けるプレッシャーと男性が受けるプレッシャーは同等ではない気がしていて、男性に対しては純粋にその人の価値観や近況の確認作業でしかない質問が、女性に対しては「結婚は？（いい加減落ち着いたら？）」「子供は？（産まないでいいの？）」など、その人の選択した生き方への無言の否定を含んでいる気がしています。

結婚前は書籍のレビュー欄に「結婚もしていないくせに」と書かれたけれど、結婚してからはそれが「子供も産んでいないくせに」に変わりました。そんな風に、常に「経験していないこと」を探し出して得意げに指摘するアンチコメントは見なければいいのだけれど、妊活がうまくいかない期間にそういうものを見てしまうと、心がえぐられるようでした。

私は、妊娠前から妊活中であることを公表していました。果たしてそれが正解だったのかはよくわかりません。赤ちゃんが欲しいことは、自分で発信する前から、インタビューなどでも言っていたので、子だくさんの知人は会うたびに私のお腹を触りながら「妊娠パワー、注入するね」と言ってくれていました。冗談から始まったことで、もちろん１００％善意です。だから最初は「ありがとうございます！」なんてこちらも明るく接していたのだけれど、妊活を本格的に始めてからは、毎月毎月「今月も出来ませんでした」と言うのが気まずくなっていきました。ちなみに、その方は子供３人全員、それぞれたった1回の挑戦で出来ているそうで、周りにも不妊に悩む人はあまりいなかったそうです。

こんな小さな、とはいえ無視出来ない重荷が生活の中にいくつもあり、毎月「今月もダメだった」と伝えるよりは、全方位オープンに妊活の発信をしたほうが、気持ち的にも前を向けるかな、と思ったことと、早くからこの問題を考えることの大切さを実感していたからこそ公表しました。

それと、私は、精神的にまいってしまうのが早かったので「子供を産めない人生を発信する役割を持って生まれてきたのかもしれない」と、出来ないなら出来ないで、そのことを発信して、妊活に向き合うエネルギーに変えようと思っていました。


けれど、早い段階でオープンにしてしまったことで、妊娠の公表はその何倍も難しく、勇気のいることとなりました。妊活の発信が中途半端なまま終わってしまうことや、思った以上に早く妊娠出来たことが同時期に妊活している人を焦らせてしまったり、場合によっては、裏切りだと思われてしまう可能性もあったし、そして、流産の可能性もある中で、どのタイミングで周囲に伝えたらよいのかが全くわからなくて困りました。早く伝えるほうが気持ち的には楽だけれど、流産の可能性を考えると、あまりに時期尚早なのもよくないかな、と悶々とする日々。特に、発表後すぐに流産したらと思うと怖かったです（実際に、身近に、発表して数週間後に流産してしまった知人がいました）。

そして、すでに出産を終えた友人が「実は最初の子供は、妊娠３ヶ月の時に流産してしまって」と教えてくれたり、読んでいたタレントさんのエッセイでは、妊娠４ヶ月で流産してしまったということが書かれていたり、読者さんからも流産のエピソードはたくさん送られてきていて、「こんなにも悲しいことをこんなにも多くの女性が、あまり公には語らずして乗り越えてきているんだ……」と愕然としました。

本当に、デリケートな問題ですね。自分が経験する前は、安定期に入るまで妊婦であることを教えてくれなかった友人に対して「水くさいなぁ！　出来た瞬間に教えてよ」なんて思っていたけれど、そういうわけにもいかないものだと考えが変わりました。

とはいえ、早くから「子供が欲しいし、子作りもしている」と言っていたおかげで、すでに妊娠・出産を経験している子からアドバイスをもらえたり、不妊治療中の方から、優しい言葉をかけてもらえたりもしました。妊娠中、つわりがひどい人は、早く言ったほうが気持ち的にもラクになるでしょう。だから、ベストな「公表時期」は人それぞれだと思います。特に著名人の場合、妊娠の公表時期が議論の的になったりもしますが、どんな選択も尊重されるようになってほしい、というのが私が実際に経験してみて感じたことです。

ところで、私の妊活・妊娠の発信へのリアクションの中には「私も記録をつけたり、発信したりすればよかったです」というものがとても多いです。もし、これを読んでいる方の中に発信欲がある人がいたら、「鉄は熱いうちに打て」じゃないけど、出来るだけリアルタイムで記録をつけておいたほうがいいと思います。「人生全部コンテンツ」と掲げて、発信することを仕事にしてきたからこそ実感していますが、その時その瞬間の出来事や感情は、その時その瞬間だけのものなんです。アウトプットしていかなければ、熱が冷め、記憶も薄れ、そのうちどうでもよくなります。どんなに感動した本でも、読んだ直後は「この感動を誰かに伝えなくては！」と熱い気持ちがたぎっているけれど、3日もすれば、細部を忘れ、1週間もたてばもはや過去のこと。時を経て、記憶の中に残り続けたエッセンスを、熟成させた考えと共に発信するスタイルもあると思いますが、周りを見ていても、妊娠・出産というのは、とても忙《せわ》しないものです。

妊活中の、子供が出来ない苦労は、妊娠したらすぐにつわりの苦労に変わり、出産の苦労に変わり、その後は子育ての苦労に変わっていくことでしょう。そして、これは先輩ママたちが口を揃えて言うのですが、「妊娠中は記憶力や集中力が弱まり、うっかりミスが多くなる」とのこと。二人分の命を一つの体の中で動かしているのだから、そりゃそうですよね。妊娠中だけではなく、産後も、あまりの忙しさと睡眠不足で「1ヶ月分くらいの記憶がほぼ飛んでる」なんて友人もいます。

ですので、せっかくの妊娠・出産の経験は、発信を目的とせずとも、記録することをオススメします。私自身は「旦那観察日記」というインスタグラムとアメーバブログを更新していた他に、プロデュースしている「週末野心手帳」（ディスカヴァー・トゥエンティワン）に、表に書きづらいことを細かに記録していました。いつか子供が成長した時にはそれらを読み聞かせたいと思っています。

私の体は底知れない宇宙だった

妊娠の症状

私のつわりはだいぶ軽いほうでした。妊活中から、ありとあらゆる時代の女性の出産エッセイを読み込んでいた私は、つわりがいかに苦しいものなのかを過剰にインプットした状態だった上に、母からもつわりがいかに苦しいかを聞いて育ったので、妊娠前からつわりをかなり恐れていました。妊娠が判明した直後に「今後のすべての仕事をキャンセルしよう」と思ったほどです。けれど、私のつわりは想像と比較するとはるかに軽かったんです。

これまでの人生で、体調がどれほど悪くても吐いたことがあまりなかったので、吐くことには必要以上の恐怖心を抱いていたけれど、幸いなことに妊娠中に吐いたのはたった1

回でした。しかも、それは妊娠が理由ではなくただの船酔いでした（お仕事で新潟の佐渡島に行った際、船酔いで吐きました。妊婦は乗り物酔いしやすいともいわれますが、単純に天候が悪く、船が揺れたせいです）。

つわり＝吐き続けるというイメージを持っていたおかげで、自分の体調の変化はだいぶラクに思えました。ちなみに、つわりの傾向は特に遺伝しないらしく、親のつわりがつらかったからといって自分もつらいわけではないそうです。それから、第1子はつわりがなかったのに、第2子はひどいつわりだったという人もいて、こればっかりは妊娠してみないとわからないようです。妊娠初期は、朝が来るたびに「今日から本格的につわりが始まるかもしれない……」と目覚めるのが怖かったけれど、妊娠3ヶ月目の中盤にさしかかっても、まだまだつわりを感じなかったので「もしかして私ってつわりの軽い人なのかも！」と少し楽観的になれました。

「つわり」を意識すると、そのことばかり考えてますますつわりが重くなるんじゃないかと恐れていたので、自分から意識的に「つわり」の要素を探すことは避けていました。だから、つわりをつわりと判定する能力が低かったかもしれません。でも、つわりなんて人生で初めて経験するのだから、その不調がつわりかどうかって正直よくわかりません。例えばちょっと頭痛やだるさの症状があっても「平常時でも起こり得る不調かもしれない。つわりとは断定出来ぬ……」と思っていました。そうしてしばらく様子を見ているうちに痛みは去っていき、後から人に「それはつわりだね」と指摘され、「そうだったのか……」と自覚したりもしました。そういえば、頭痛やだるさは定期的に訪れていたように思います。

　機械も人間も動いていればそれなりのバグが出てくるもので、たとえ妊娠していなくても、気分の落ち込みや不調があるのは普通です。でも、妊娠中は「妊娠している」ことが前提であり自分にとっての現在なので、普段というか、過去これまでの自分がどうだったかの記憶は曖昧で、不調があっても「私って普段どうだったっけ？」と鈍感力を発揮していました。これは、春がくるたびに「タイツっていつまで穿いていいんだっけ」「気温23度って、どんな服装すればいいんだっけ」とわからなくなる感覚と似ている気がします（そんな経験、ありませんか……？　私は、気温から服装を決めるということが、34歳の今でもなかなか出来ません。何度も経験しているはずなのに）。

　首元にホクロの大群が出来た時は、「加齢かなぁ。私も30代だもんな〜!!」なんて思ったけれど、そのことをブログに書いたら、先輩ママたちから一斉に「私も出来ましたー！」とコメントが来て、「なるほど、これは、妊娠による変化なのか！」と把握しました（ホクロ、色素沈着、シミが濃くなるのは妊婦の症状で、これらはすべて産後、徐々に薄くなるそうです）。そうやってネットに書くことで、妊娠・出産経験者の「私もです」を集め、体の変化に対して「これは妊娠の症状なのだ」という確証を得ていました。

つわりは軽かったと書きましたが、何もなかったわけではありません。以下、私の中で、人から「それはつわりに違いない」と指摘を受けたり、書籍やネットで見た誰かのつわり経験と照らし合わせたりした上で「これは妊娠中特有の症状」という結論に至ったことを書き留めておきます。

妊娠の症状・その1としてお腹が減ることに耐えられなくなりました。元から、お腹が減ったら力が出ない〜という食欲ベースの生命力だったけれど、妊娠してからはそれが加速しました。とにかく少しでもお腹が減るといてもたってもいられず、他のことが一切手に付きませんでした。これは「食べづわり」の一種だそうです。

そして、食の好みが分刻みで変わりました。レストランに行けばオーダーした直後に、隣の人が食べている物を見て「やっぱりあっちにすればよかった……」と気持ちが変わるし、夜中の2時にお腹が減って起きてしまった時は、冷凍のポタージュを湯煎しているたった7分の間に「私が食べたいのはこれじゃない……」と気持ちが変わり、納豆を2パック、ダイソン並みの吸引スピードで食べてからベッドに戻りました。

食べる量はトータルではあまり変わらなかったけれど、一度に食べられる量が少なくなったので、小分けにして何度も食べていました。1食分を2回に分けて、数時間ごとに食べるのです。それから、胃の働きが鈍っているので、揚げ物やお肉がつらくなりました。昼食にうっかりチキンカツを食べてしまった日は夜中まで胸焼けが。大好きだった焼き肉も、食べた後につらくなるので一気に肉派から魚派に転向（出産後はケロッと食べられるようになり、また肉派に戻りました）。

食事の変化でいうと、いつも食後に噛んでいたガムがダメになってしまいました。ガムを噛むと、歯が痛くなっちゃうんです。出産後に歯痛は治りましたが、気づいたらガムを噛む習慣そのものがなくなっていました。

それから、果物が今まで以上に好きになったので、種なしブドウ、バナナ、イチゴ、みかん、グレープフルーツ、ブルーベリー……とその時に自分の中でブームのものをいろいろと買うのが楽しかったです（ただし、その後、妊娠糖尿病になり、フルーツは食後に一口だけという生活に。妊娠糖尿病については後で改めて書きます）。食べ物に関してはその食材やメニューのブームが去ったら、しばらくはそれが食べられないというサイクルを繰り返していました。

食べ物のマイブームは普通に手に入るものから、なかなか手に入らないものまで、ランダムに訪れるので気が抜けません。子供の頃に祖母の家で食べた「はったい粉」が急に食べたくなった時は、近所で見つけられずネット通販に頼ったけれど、商品が届く頃にはもうブームが終わっていて、未だにキッチンの棚に残っています。「おかひじき」にハマった時は、近所のスーパーに置いていないので、デパ地下で買いだめしていました。

「体にいいものを食べなくては」という強迫観念も、波のように押し寄せては引いていき、あらゆる健康食品を途中まで消費し、台所のすみっこにためてしまいました。

もう食パンしか食べたくない！　と思った2日後には、もう食パンは食べたくない！　と思ったりもして、自分で自分がコントロール不可能。

よく言われるマクドナルドブームは2日だけ来て、超高速台風並みの速さで去っていきました。

妊婦は感覚が鋭くなるというけれど、そういう意味では納豆のにおいをきつく感じて気持ち悪くなったり、コンビニのレジのあたりから、お店に人が入ってくるのを見て「タバコを吸う人じゃないかな、あの人。そんなにおいがする……」と思って見ていたら、どんぴしゃでタバコを買う人だったことも。あのままの嗅覚を保持していれば警察犬と張り合えたかもしれないけれど、そんなにも敏感になれたのはほんの一瞬のこと。

納豆はもともと大好きだったけれど、妊娠初期のある日突然においがダメになって食べられなくなり、気づいたらまた食べられるようになって、後期にまた食べられなくなり、産後、また食べられるようになりました。もしかしたらで始まり、気づけばその症状は終わっている。妊娠中は、そんなことばっかりです。

妊娠の症状・その2は、「眠い」。妊娠中は眠れなくなったり睡眠が浅くなったり、何かしらの睡眠トラブルがあったけれど、全体的にひたすら眠かったです。

眠りつわりという言葉もあるそうですが、眠いなんていうレベルではなく、起きていられるほうが不思議というくらい眠いのです。私の観測範囲では「最高1日20時間寝た」という妊婦がいました。胎児は一日のうちの数時間しか起きていないらしいので、胎児の体と波長を合わせていたのかもしれません。

私も、起きたかと思ったら気絶して「今、何時だろう……」とこわごわ時計を見る生活が続きました。眠る時は、眠るというより「沈む」という表現がしっくりきて、深い深い場所に落ちていくイメージ。

夜も早くに眠くなるし、昼は昼で眠いので、何か食べるごとに昼寝をしていたけれど、何が一番つらいかというと、朝に起きられないのが一番つらかったです。もともと朝型だったこともあり、起きる時間が遅くなるだけで、その日一日を失敗した気分になってしまいます。

起きられなくて眠いだけではなく、なぜか定期的に眠れない夜もやってきました。

それは、ちょっとしたストレスも重なったので、単純に妊娠だけが理由ではないかもしれないけれど、妊娠3ヶ月頃に、夜中に何度もトイレに行く頻尿すぎる夜が続き、それを先輩妊婦さんに相談したら「それ臨月の症状じゃない？」と言われました（臨月の妊婦はトイレが劇的に近い&産後の赤ちゃんの夜泣きに備えて眠りが浅くなります）。

なぜ初期に臨月の症状がやってくるのか不明だけれど、私の場合は副乳（後で詳しく書きます）に気づくのも、性別が判明するのも早かったので、細胞レベルでせっかちか、単純にホルモン系統がバグっているのだと思います。

眠れない日は、夜中の12時に布団に入って朝5時まで意識がなくならないなんてこともありました。諦めて起きてリビングのソファに寝っ転がりながら映画を見ているとようやく、うとうと……。この時期、定時出社の会社で働いていたら……と考えると怖いです。自分のスケジュールの主導権を握ることが可能なフリーランスであることを、これほど感謝した日々はありません。

妊娠の症状・その3として、仕事へのやる気がなくなります。これはもう「仕事行きたくないな～」とかいう、連休明けの会社員感覚なんてレベルではなく、「仕事とか生きるとか、なんか意味があるんだっけ？」的な、人生を丸ごと投げ出したくなるレベルでのやる気のなさを体感しました。

さくらももこさんも妊娠・出産について綴ったエッセイ『そういうふうにできている』（新潮社）で同じことを書かれていたけれど、とにかく何をやっても楽しくなく、けだるさが続くのです。私の場合は仕事をセーブしてほぼ一日中アマゾンプライムかネットフリックスを見ていたけれど、別にそれも楽しいわけではなく、生産的なことをする気持ちになれないからと時間を潰しているだけでした。だらだらし続けていると、だんだんと自信もなくなっていくもので、一日中家にいて、食っちゃ寝を3日続けると、自分の存在がゴミのように思えてきました。この時期、仕事はお金を稼ぐだけではなく、人とのつながりや自分への自信を生んでくれているものなのだと実感しました。つわりで吐き気が……という物理的な不可能感ナシに、体はどこも悪くないのに、やる気だけがないという無気力感——ちょっとしたウツのような状態がしばらく続くと、もう二度と社会に復帰できないかもしれないという気持ちが湧いて、怖かったです。

ところで、つわりの原因は医学的に解明されていないそうです。仕組みがわからないので、対策も何もあったもんじゃないってことです。つわりのための薬がないのはそもそも妊婦さんに臨床試験が出来ないからというのもあるだろうけど、乗り物酔いや二日酔いはなんとか出来るというのに、つわりの吐き気には特効薬がないなんて、そんなことってあるんですか、とただただ不思議です。世界中で毎日子供は生まれているわけで、子供の数だけ妊婦だっているのに。一般人が娯楽で月に行く計画を立てられる時代につわりは治せないってそれまじですか、という心境。

出産そのものだってそうです。なんで出産は未だに命がけで、その痛みが女性という性別に紐づくものになっているのでしょうか。昔、誰かが言ったみたいに「卵で産みたい」し、パートナーが産んでくれてもいいし、男性もつわりとか生理の疑似体験とか出来たらいいのにな〜と思うけれど、どんな医学や科学よりも、生まれ持ったこの肉体のほうが先を進んでいるという事実は、それはそれで面白い気もします。そう考えると人間ってみんな、一人ひとり、体という宇宙を携えて生きているのですね。壮大。

私は自分に備わっている機能を知らない

おっぱいの真実

「出産したらおっぱいが止まらなくなる」ということを知ったのは、社会人になってしばらくたった時のことでした。それまで赤ちゃんを産むと母乳が出ることは知っていたけれど、出産したばかりの部署違いの先輩の現在進行形の「母乳、止まらない」話は私を震撼させました。「勤務中、おっぱいが張って痛すぎるし、母乳が垂れてきて服がびしょびしょになっちゃうから、数時間ごとにトイレで搾ってるし、万が一のために着替えを会社に置いてある」という先輩の言葉。……衝撃でした。

私は20代の半ばになって先輩にその話を聞くその瞬間まで、おっぱいというのは赤ちゃんが吸う時だけちょうど良い量出るものだと思っていたのです。まさか赤ちゃんが吸っていない間も体内では母乳が生成され続け、吸われる機会を失うと溢れてしまったり胸が痛くなったりするとは……いや、なんとなく知っていた気もするけど、そのために会議を途中抜けして、パッドを換える必要があるとかそんなことまでは知りませんでした。

そういうことってみんないつ知るんですか？

知らなかったのは私だけ……？

生理痛と排卵痛だけでも会社を休みたいのに、そんな私が、胸まで痛み始める日のことなんて想像が出来ませんでした。「おっぱい出続ける問題」については人生のどのタイミングでも習った記憶がないし、ルーズソックスとかいう今考えたら謎すぎる物体を装着して養豚場のにおいのする校舎に通っていた高校時代にそんな話題を友達としたこともないし、社会人になってから「母乳がとめどなく出続けてる時って、仕事どうする〜？」なんて上司や同僚と喋ったことはありません。

トイレの個室の用途といえば下半身から出るものの処理及び、死ぬほど忙しい時期の上司の目を盗んでの仮眠だけだと思っていたのに。まさかあの密室の中でおっぱいを搾っている先輩がいるなんて、想像したこともありませんでした。トイレの床に血が垂れているのは見たことがあるけれど、白い液体が飛び散っているのは見たことがないし、打ち合わせ中に、いきなり胸が濡れる先輩も見たことがありません。だからこの世の中にそんな苦しみが存在するなんてことも知りませんでした。私が「見たことがない」のはみんなが何食わぬ顔をして隠しているせいなんでしょうか。そういえば、友達の生理周期なんて知らないし、使っている生理用品のブランドも知らないし、誰も話さないけどなんとなく問題にもならないことってたくさんあるから、この話題もそういう類のものなんでしょうか。

「洋服が濡れないように母乳パッドっていうのをつけるんだけど、胸が張ってくると痛いから、タイミング見て搾ってる。でも長い打ち合わせがあると『あ、漏れる』ってなる……」

　時短勤務で16時台に退社しなければいけない先輩が、短くて貴重な勤務時間で、仕事を片付けながら、自分の意思とは無関係に出る母乳の処理をするなんて、到底不可能では……？

「出産したら、女はおっぱい製造機になるんだよ……」というパンチのある言葉と共に、その日の短いランチタイムは終わりました。その母乳はいつ止まるんですかとかどうやって搾るんですかとか、そんな聞いていいのか悪いのかよくわからない疑問を残したまま、先輩はほどなくしてバックオフィスに転局してしまいました。コピーライターになるのが夢でわざわざ転職し、さらに転局試験を受け続けてクリエーティブ局にやっと異動出来たと研修の時に言っていた先輩。異動は本人希望かどうかはわからないけれど、子供を産むと、男性の働くペースに合わせて、体の悩みを打ち明けづらい環境の大企業で働くってめちゃくちゃ大変だな……ということと、自分すら把握していない未知の機能が起動する（機能さえ知らない私が操縦法なんて知る由もない）ことの二つが、強烈にインプットされた出来事でした。そんなことを突然思い出したのは自分の体に、新しい乳首を発見したからです。

※母乳の出方は人それぞれで、逆に出なくて悩むお母さんもいます。私は搾るほど出ず、産後5ヶ月で母乳が完全に止まってしまいました。

※人物描写はモデルになった人が特定できないように設定をところどころ変えています。

新しい乳首を発見した日

お風呂上がりにいつものように肌のケアをしようと鏡の前に立った自分は、たしかに自分なのに違和感がありました。違和感の所在地を探ると、脇の下というべきか胸のキワというべきか、脇と胸の境界線あたりに見慣れぬ黒ポチが出現していたのです。最初は永久脱毛の生き残りの埋没毛かと思ったけれど、もしやと思って反対側の同じ場所を見ると、見事に同じものが同じ場所に出現していました。

これは、噂に聞く「副乳」というやつではないか——。

スマホを急いで取り出し、「妊婦　副乳」でググって、やはりと確信しました。私が見たサイトでは、妊娠中期の症状と書かれていたけれど、当時の私はバリバリの初期。妊娠

3ヶ月・14週での副乳発見の瞬間でした（とはいえネットの世界は広いので、妊娠9週で発見したよ、という体験談も見かけました。上には上がいるものだよね。上とか下とかの話じゃないけど）。

乳首のミニチュアというか出来損ないというか進化途中というべきか。かさぶたのようにも見えるそれは、もともと自分についていたものらしいです。それが妊娠によるホルモン分泌の影響で目立つようになるらしく、通常は産後、母乳の分泌のピークが過ぎれば、目立たなくなるそう。早速妊婦の友人に「副乳出来た！」と速報を打ったら「出来た!?私もあるの！　いつ消えるのかなぁあああ！」と返信が。

妊婦はいったい第何形態まであるのか……（ゴジラかよ）。

そして、これらすべてが「ホルモンの変化」によって起こることを感じれば感じるほど、ホルモンの恐ろしさというか偉大さというか、我々の体の支配者は意志とかではなくてホルモン様なのだね、ということにおののきました。30年以上かけて操縦法を学んできたこの体の操縦主は私ではなく、ホルモン様だったということの発見と脱力。

妊娠にまつわることはすべてが宇宙的で、遺伝子レベルの、自力ではどうにもならないことの連続で、我が身に我が意志の与《あずか》り知らないことがどんどん起きていく感じは、肉体がハッキングされているようでした。あらゆる妊娠・出産エッセイを読み漁《あさ》る中で、何冊かの本はいきなり宇宙の意志レベルに話が飛躍していて「だいぶスピリチュアルみが強いな～」と思ったこともあったけれど、この現実離れした毎日を体験すると、宇宙や精神世界に思いを馳せざるを得ない気もしてきます。

今は良い時代で、妊婦さんのためのアプリがいくつも出ており、それらを私もインストールしていました。それらのほとんどが、出産予定日を入力すると、今、妊娠何ヶ月、何週何日で、今、お腹の中ではこんな変化が起きています、これからこうなっていきます、と教えてくれるものなのだけど、それらで予告される変化がすべて面白いくらい自分に起こっていくのです。日本一の占い師でもここまでは的確に当てられないでしょうというくらい、妊婦アプリの的中っぷりには惚れ惚れしました。例えば「なんかホクロが増えたな～」と思うと、アプリで「妊婦さんはホクロやシミが濃くなります」と書かれているし、「お腹の中心に正中線というまっすぐな黒い線が出来ます」と書かれていると、2日後、お風呂に入る時に見慣れぬ一本線をお腹に発見するという具合。

妊娠によって、日々痛感するのは「私って、所詮動物なんだな」ということ。これに尽きます。私が妊娠するずうっと前に、とある編集者さんが「妊娠・出産を経た作家さんは、書くものが『社会』に向かっていきます。そして少しスピリチュアルが入ってくる」と言っていたことがあって、他人事《ひとごと》のように聞いていたけれど、この分では私もご多分にもれず、そうなっていくことでしょう。3年後の私は、宇宙とか平和とかしか書かない仙人的な物書きになっているかもしれない。でも、女性作家さんが最新作のインタビューで「妊娠・出産で作風は変わりましたか？」なんて聞かれるのを見ると、「それって、どういうこと？　妊娠・出産で女は変わらなくちゃいけないんですか？　男の人にもその質問します？」と言いたくなる私も頭の中にはいて、頭と心と体で、バランスがうまく取れないですし、私がどうなるのかはほんと、私にもわかりません。

――そんなことより何より、副乳。自分に出来るまでは、他人の脇の下に注目したことなんてなかったけれど、みんなそれぞれにひっそりと隠し持っているんですね、昔、人間ではない生き物だった頃の名残を。そう考えると、「面白い」という気持ちも芽生えます。第三、第四の乳首……うん。なんか笑える。妊娠中にどんどん存在感を増し、出産後消えていく一連の変化、味わい尽くさなくては、と思いながら鏡を改めて見ました。

太ることが怖かった

肌荒れ、
情緒不安定、
体形変化

その他に妊娠中に自分に起きた変化といえば、肌荒れ。これは、生理前の肌荒れと同じレベルのものが続く感じで、妊娠5ヶ月でいったん止みました。それまでに、妊娠初期に2回ほど、肌荒れの波があり、頬に大きなニキビが二つ出来てショック……となったけれど、これも、もっとひどいのを想像していたから思ったよりはラクだなと思ううちに過ぎていきました。先輩ママの知り合いは「鎖骨とか背中とか、普段出来ない場所にもニキビが出来てびっくりした」と言っていたけれど、私の場合は、毎月生理前に肌荒れしていたものの延長だったので、妊娠によってひどくなったとは思いませんでした。

それから、「いまさら何を言っているのか」という感じだけれど、太ることが結構怖かったです。158センチ、47〜48キロ（生理前に少し増える）を約10年保っていたので、大きな体重の変化は想像以上に抵抗がありました。

昔、ダイエットで体を壊したことがあります。大学時代に43キロまで体を絞った時は、四六時中食べたいもののことばかり考えていて、心が健康ではなくなってしまったので、それからは「食べたいものは食べる」という方針を貫いてきていて、社会人になりたての飲み会続きだった時期を除けば体重は安定。周りの友人にはスタイルの良い子が多いので、みんなに比べたら多少体重は重いけれど、決して太って見えるほうではなかったと思います。それに加えて、大学在学中にチアで鍛えた腹筋の貯金があるから、お腹がでれっとゆるんだこともありませんでした。

けれど、妊娠した途端、びっくりするくらいお腹周りがゆるくなっていきました。だらだらぶよぶよとたるむわけではなく、ぱーんと突き出すように張っているわけだけど、見映えが良いわけはありません。見るたびに「ああ、会社員時代に夜の新橋でよく見かけた、中年のビール腹だわ〜」という感想が駆け抜けていきます。

一体どれくらいのペースで太るのが標準なのかよくわからないけれど、私の場合は、お腹周りが急に成長して、妊娠3ヶ月にしていつものお洋服が軒並み入らなくなり、妊婦の友人のおさがりでもらったマタニティジーンズが手放せなくなりました（そのジーンズも、妊娠8ヶ月から入らなくなりましたが）。

そして、こんなにも急激にぶくぶくと太って、体重は戻るのだろうか――という不安がむくむくと。太らずに出産する人などいないのだから、「妊娠したい」と思った時点で太ることへの契約にサインしたも同然なのに、「そうなるんだろうな」と思っているのと、実際に我が身がその状態になっていくのは全然違いました。

夫に「どんどん太って嫌だ」と訴えたところ、「痩せるほうが簡単だから、どんどん太れ。戻すのは俺が一緒にやる。ボディビルダーは体重増やすほうが大変なんだぞ。贅沢な悩みだな」と一蹴されました。この「戻すのは、一緒にやる」という言葉はその後、心の支えになりました。

禁止されると欲しくなる

妊婦の不便

当事者にならないと見えてこないものはたくさんあって、どんなに専門的な知識をつけたって本人にはなりかわれず、苦悩を完全にわかったつもりになるのなら、それは傲慢といえます。妊婦になり、妊婦の生きる世界を初めて体験して思ったのは、妊婦さんは日常の選択肢が狭まるということ。具体的には、例えば整体やマッサージなどは、「妊娠中の方はお断り」となっています。もし受けたくなったらマタニティマッサージを提供しているサロンがあるのでそこを調べて行けばよいのだけど、街でふと「1時間休憩がてら、マッサージでも……」というわけにはなかなかいきません。昔から通っていて、信頼関係があり、体調の変化をすぐに伝えられるようなサロンであれば、一部のサロンでは、施術を受けさせてもらえるとも聞いたけれど、なんでもどこでも自由にというのは無理。
それから、些細なことかもしれないけれど、街のカフェにふらりと入った時に、デカフェの飲み物の選択肢が少ないことも多々ありました。世界保健機関の資料によると、カフェインは妊娠中でも、コーヒー３、４杯分までなら摂取可となっているけれど、コーヒーの種類によってはカフェインが強かったりもするので、やっぱりちょっと注意は必要だし、妊婦さんによっては出来る限り取りたくない人もいるでしょう。そんな時に、ふらりと入ったカフェでデカフェの選択肢がないことも多い。これらはすべて妊娠初期の、なんにでも気を配っていた頃の話で、妊娠後期になってくると「ちょっとくらいのカフェインは子供に影響しない！」とおおらかに構えられるのですが……。ただ、会社員の友人は、妊娠を公にしていない時期に、打ち合わせでコーヒー以外の選択肢がなくて困ったとのこと。飲み物を持ち歩けば済む話ですが、人付き合いの場にはこんなにもコーヒーやお酒が登場するのか、と驚きました（お酒を注文しないなら、入店ＮＧというご飯屋さんにも出会いました）。

とはいえ、それらの不自由は生きていけないほどではないし、落ち込むというより、特別な人間になった気持ちというか、当事者ではなく観光客のような気分で、客観的に「これが妊婦ってやつか」と一つひとつ確かめている自分がいました。こんな不便があったんだ、今までの自分には見えていなかったな、ということが一つひとつ、自分の視野を広くしてくれる感覚。その新鮮さを、こうやって伝えられることを嬉しく思います。

大きな変化から些細な変化までいろいろ書いたけれど、どの変化も「こういうものなのね」と割とすべて受け入れていたほうだと思います。

同時期に出産した友人は、妊婦になってから出来ないことが、全部自分の好きなことだったのでちょっと落ち込んで、ノートに「出来ないことリスト」を作ったと言っていました。大好きなお酒が飲めない、ヒールが履けない、レースのランジェリーが身に着けられない……などなど。でもそれらはすべて、出産後の楽しみになるわけです。喉がカラカラの状態で飲むビールは格段に美味しいというし、子供のために我慢して我慢して、それがようやくまた出来るようになった瞬間はきっと感慨深いはず。——とはいえ産後すぐに体形が戻るわけでもないし、授乳中はアルコールが飲めなかったりして、全部再び解禁になるのはまだまだ先かもしれません。そして、妊娠中にアルコールを飲まなかったことで、お酒に弱くなる人も多いようです。

お酒に関しては、私は元からあまり強くなく、飲めなくても楽勝で乗り越えられると思っていたけれど、自分の意思で「飲まない」のと、「飲めない」というのは、ちょっと気分が違いました。オランダではマリファナを自分の意思で吸う人はあまりいなくて、タバコ、飲酒と並んで、合法な娯楽の選択肢にすぎないので、日常的に吸っている人は少ないと聞いたことがあります。そして、もっぱらオランダでマリファナを吸っているのは普段自国でマリファナを禁止されている観光客だそうです。

妊婦にとって飲酒はそれに通じるものがありました。私も、お酒なんて、あまり飲まないキャラなのに、妊娠発覚後はワインやらハイボールやらの広告がやたらと目につき、「飲みたいなぁ」と思ってしまうことがありました。禁止されればされるほど、やはり欲しくなる。

そんな風にアルコールに敏感な目線で世の中を眺めてみると、レストランで真っ先に出てくるのはアルコールメニューだし、街中だけでなく、小説、ドラマ、映画、雑誌の中もアルコールだらけだし、ボジョレーヌーボーが解禁だとかビアホールがオープンしたとか、ニュースの中も気がつけばお酒だらけだし、こんな世の中で禁酒するほうが難しくないですか……？　誰かにとっての居心地の良い世界は、誰かにとって居心地の悪い世界なんですね。視点がくるりとひっくり返り、今までの自分では見えなかったもの、考えなかったこととの接触。——ちなみにこの「飲みたい！」という欲求、妊娠初期のことだけで、その後は収まりました。

それから妊婦が禁じられているものといえば、生肉・生ハム・生チーズ（なんかゴロがいいですね）なのだけど、生ハムに関しても、正直、妊娠前の私は執着が一切なかったのです。どっちかというと生ハムってしょっぱくて、お酒好きの大人たちのための食べ物だなぁという気持ちで接してきていて、あれば食べるし避けはしないけれど、自ら望んでオーダーすることは一度もなかったもの。そんなわけで、世の中の生ハム好きたちは、妊娠したら大変だなあ……というかなり他人事な態度でいたわけだけれど、生ハムに関しても、お酒と同じく、食べたらダメと言われた瞬間から、生ハムなしには生きていけない体になるのでした。私は「禁止」に極端に弱いのかもしれません。

味気なさそうなサラダを見ると、「これに生ハムをトッピングする権利が私にはないのだ」と思い、友人のインスタグラムで生ハムがこれでもかと載っていると、「この人は、自分に許されている幸福の大きさを知らない……」と諭したいような気持ちになってくる。

そして何より生チーズ。チーズに関しては、ハムやお酒とは比べ物にならないくらい大好きだったので、チーズが食べられないことが一番つらかったです。厳密に言うと、日本製のものは、製造過程で火が通っているから食べても問題がないらしいけど、よくわからないものはやめたほうがいいよね、というわけで、レストランでは避けるようにしていました。これまでレストランでは席に座ってまずはメニューの中にチーズを探すのが私の基本動作だったので、食べられないとなると「好きなもの」ではなくて「食べられるもの」を探しているという味気なさが、なんとも悲しかったです。

こんな苦労はたった数ヶ月だし、これらと引き換えに我が子という宝物が望んで望んでやっと得られるのだから、そんな些細なことは我慢して然るべきというのが一般的な意見なのだろうけど、この苦労って男性は味わわないんですよね、と思うと見過ごせない不公平なのでここに書いて成仏させました。

これを読む男性たちは子供を授かるにあたって、女性たちが諦める自由をすべて保ったままパパになれるという、自分では気づいていない特権に気づき、奥さんを大事にしてほしいです。

ところで妊婦というと、生魚、生卵に注意というのが一般的で、レストランでも、ローストビーフは出すのに、刺身に関しては「火をお通ししますか?」と聞かれることが多かったです。ただ、私のことを妊活中から出産までに診てくれていた合計4人のお医者さんは誰ひとりとして「生魚、生卵」がダメとは言っていませんでした（魚に関しては、マグロなどの大きな魚は水銀が含まれており、摂取量の目安がありますが、それでも毎日マグロづくしの食事をしなければ大丈夫だそうです。詳しく知りたい方は、公的な資料や専門書をお読みください）。もちろん、通常より抵抗力が弱かったり、お薬が飲めないなどの不便があるので、気をつけて食べるに越したことはないのですが、「食べたらダメ」というほどでもありません。SNSで食べものを載せると「お刺身を食べても大丈夫なんですか!?」というコメントが毎回ついており、私も妊娠前には誤解していたものの、世の中全体の誤解をちゃんと解いていかなくちゃ、と思いました。もちろん生のものを食べる時は、ちゃんと処理された新鮮なものを食べる必要があるとは思いますが、生魚やカフェインは、そこまで神経質になる必要はない、と知りました（アルコール、タバコ、サプリメント、お薬に関しては、神経質になる必要がありますので気をつけてください）。

おばあちゃんモードと人生の断捨離

性欲の消失

私のバイブルであり、妊娠中に4周目（全シーズン視聴4回目）を見終えた「セックス・アンド・ザ・シティ」で、弁護士のミランダが、妊娠中に性欲が爆発して死にそうになるというエピソードがありました。妊娠中は、どうも性欲が増える派と減る派に分かれるようだけれど、私の周りでは減る派が圧倒的に多いです。結婚後も旦那公認でセフレが数人いたような知り合いも、妊娠してからは性欲が一切なくなってしまい、出産後数年たった今も戻ってきていないと言っていました。

煩悩が減るのだから良いだろう、さぞ生きやすくなっただろうと受け止める人もいるかもしれませんが、そんなことはなく、性欲を失った知人は「私が私じゃないみたいなの」

と嘆いていました。性欲というのは、心が生きる欲と書きます。彼女は性欲がなくなると同時に仕事への意欲も失い、生きるエンジンが半分になったとまで言っていました。私はもともと搭載している性欲がそこまで多くないので、例えば１００がゼロになった人に比べると、50がゼロになったくらいで、心身におけるダメージは大きいとは言えません。とはいえ、なくなってみると性欲というのは、恋人だけに抱くものではなく、普段の自分はずいぶんといろんなものをお色気フィルターを通して見ていたのだなあと気づかされます。

　例えば、男性はエロ本における女性の裸体では興奮するだろうけれど、『家庭の医学』や保健体育の教科書で興奮する人は少ないのではないでしょうか（青春真っ盛りの中高生男子は、その程度の刺激でも十分ですよと反論も出てきそうだけど、いったん却下）。

　ところが性欲ゼロになった妊婦の私の目にかかれば、エロ本の裸体もお色気要素が抹殺されて見えるので、保健体育の教科書に見えてくるのです。男性誌に掲載されているグラビアアイドルの体も、これまでは「スタイルいいなぁ」なんて、同性なので興奮はしないまでも、お色気要素を感じながら観賞していたけれど、妊娠中の私がそれらを見て思ったのは「お腹冷やしちゃダメだよ……」という、完全なるおばあちゃん視点。どんなにボンキュッボン、の素晴らしい肉体を見ていても「この胸もいつかは母乳のために。このくびれも妊娠すれば腹パンに……」と自分の体の変化と重ねて見てしまい、エロさとは別の、なんだか尊い、汚してはいけないものに思えてくるのです。神様とエロが結びつかないように、一度女体を宇宙の神秘と結びつけてしまった以上、お色気フィルターに戻すのは無理。

この大いなる変化を私は「おばあちゃんモードが起動した」と呼んでいました。

妊娠してから、人のエロさに鈍感になるだけではなく、自分に注がれる目線も女に対するものではないな、と思っていました。それは結婚したからとかそういう変化ではなく、たとえ結婚していても、女である以上、他人から「女」として見られることから、これまでは逃れられなかったのです。男性とサシでご飯にいけば、色恋沙汰の絡む視線を感じることがあったし、左手の薬指のリングの有無なんて、恋愛マーケットではあまり関係がないように思います。女友達の中には、人妻になってからのほうがモテるという人も多いですし。既婚男性の中には、お互いに既婚のほうが後腐れがないからよいという人もいますよね。

この本の中で既婚者同士の婚外恋愛について深追いする気はないけれど、とにかく、結婚してもしなくても、女である以上、男性から「この女と寝れるかどうか」という容姿含めた何らかの目に見えない判定と駆け引きは随時行われている気がして、気が抜けなかったけれど、妊娠を発表して以降そういうものから一切解放された気がします。

言うなれば、人生で初めて女という性別を脱げた感じがしました。恋愛・性欲の対象ではなく、いたわりの対象になっているという心地よさ。もちろんこれが長く続けば「私はもう女としての魅力がなくなってしまったのね」と、別の悩みに発展していく可能性も大いにあるわけで、私も30代前半で性的対象外が永久確約されてしまうのはつらいけれど、期間限定であれば、これはとってもラクなことでした。もちろん何事にも例外はあって、世の中には、妊婦のほうが興奮する人もいるらしいけれど、私はまだ会ったことがありません。

他にも「これはおばあちゃんモードだ」と思ったことは、例えば、夜間のお出かけがめちゃくちゃ億劫になりました。妊娠前、私は夜に出歩くのが割と好きで、お気に入りのカフェが22時、23時台に閉まってしまうことが悲しくて「24時間営業とまでは言わなくても、深夜1時くらいまで開いているカフェがあるといいな！」なんて思っていたのです（お酒を飲まないのでその時間に開いている場所の代表格であるバーとかには行かないのだけれど、夜に外で作業や読書をするのが好きでした）。

けれど妊娠中は「22時にはおうちにいたいなー」と、別に誰からも強制されていないのに、自ら進んで自宅を警備。単純に夜に外にいると落ち着かなくなりました。

ちょっと前までは好奇心で出入りしていた東京っぽい場所（……というと、聞こえがいいけど、ストレートにいうとチャラい場所です！）も、アルコールと受動喫煙を考えると、行かないのが当然だよね、だって私妊婦だし……みたいな心持ち。誰も監視していないのに、生活はこの上なく優等生へ。別にニュースバリューがないので載ったこともないのだけど、どの方位から「週刊文春」が攻めてきたとしてもオールクリーンなこの生活！　というか、その方面の方々がスクープを求めて街をはっているであろう時間、とっくに寝てるんですよね、眠りつわりだし。

起きている時間も活動量が減るため、必然的に人間関係は疎遠になっていきました。先輩ママが「妊娠は人生の断捨離の機会だよ」と言っていたけれど、まさにそれ。彼女いわく、体を動かすのも出かけるのも億劫になるから、それでも会いたい人にしか会わなくなるし、「とりあえずやっておくか」みたいな仕事は、妊婦にとってはストレスが一番の敵だし、みたいな理論も加わって最初から引き受けなくてもいっか、となるそうです。私もやっぱりそうで、定期的に行われる知り合い同士をつなげる会みたいなのは気づけばするりと離脱していて、会いたい人、会いたくない人がとても明確になりました。

興味関心・趣味もかなり変わってしまいました。それまで「美容」方面に割かれていた情熱がごっそりと、「暮らし」方面へシフト。例えば妊娠前は、新作コスメの情報やインスタグラマーさんがこぞって載せる全色レビューを見て、気になるものを見つけ、次の週末にはデパートでお試ししたいなあ、るんるん……となっていたけれど、まず全色レビューが見れなくなりました。そういうものをとても忙しなく感じてしまうようになったのです（これは別に何かを否定・批判しているわけではなく、あくまで自分の趣味が変わったという話です）。

そういうものに割かれていた分の心はどこへいったかというと、もう圧倒的に「暮らし」へ。本棚にはみるみるうちに整理収納・自炊・インテリアの本が増え、グルメ漫画とご飯エッセイの沼にずぼっと転落。キンドルを開けば常に食べ物の表紙が更新されているという具合。ビジネス方面の話題書はご無沙汰になり、部屋に欠かさず花を置いて暮らしを豊かにしようとか、丁寧にコーヒーをいれようとか、朝からパンケーキを焼こうとか、そんなことが書いてある本を無限に読みたくなりました。効率・生産性の世界よ、さようなら、はじめまして、ジャムをイチゴから煮る世界、なんならイチゴ狩りから始めますね、という塩梅。

でも、もしかしたら、これって、本来の自分に戻ったのかもしれません。突如として蘇った記憶だけれど、小・中学生の頃は、そんな本ばかり読んでいた気がします。本で見つけたレシピをノートに書き写したり、暖炉のある家に憧れたり。もともとの私はそっち方面の人間で、そこから、受験があり、過酷すぎる社会人生活があり、そんな中で私は競争社会に適応してきただけであって、小学生の頃は、裏庭でつんできた桑の葉っぱでカイコを育てるような、引きこもり系地味女子だったはず。

「妊娠してからちょっと子供に戻った気がする」というのは先輩ママの名言だけれど、彼女は妊娠してから感情表現がとても豊かになったといいます。豊かになったと書くといい感じだけど、普通なら理性で留めておくべきものが、留まらないわけだから、要するにネガティブ方面の言い換えをするとメンヘラで、ちょっとしたことが我慢できなくなったり、すぐに泣いたりしてしまうことが多かったそう。どれくらい我慢できないかというと、空腹を10分耐えるのが無理すぎて泣くとかそういうレベルです。それを聞いて私は、幼稚園の頃、寒い日に走らされるのが嫌で泣いたことを思い出しました。「お腹減った」とか「寒い」で泣けるのって、なんというか、ありのままって感じですよね。大人って、そういうことで泣いたら「大丈夫ですか……？」と人格を疑われてしまいそうですから。

というわけで、最初はおばあちゃんモードとか言っていたけれど、成熟したわけではなくてただ子供に戻っただけかもしれません。

性欲に関しては、産後戻る人も、戻らない人も、しばらくたってやっと戻る人もいて、自分があらゆるパターンのどれにあてはまるかはまだわからないけれど、反動でめちゃくちゃ性欲が旺盛な人間になったら、仕事方面での欲もむくむく湧いてきそうで、そんな人生も味わってみたい気がします。

電通時代、浮気グセが直らない先輩は「すべての欲はつながっているんだ。性欲と食欲が旺盛だから、俺は仕事欲も旺盛なんだ」と言い訳のように言っていたけれど、確かに一理あるなと思ってしまうこともあって、性欲が旺盛な人って全体的なエネルギー値が高いというか、生きる意欲が旺盛そうで羨ましいのです。

それと、ＡＶ男優の夫によると、性欲が強い人は世界がカラフルに見えるという説があるらしく「だから俺、人より色彩が豊かな世界に住んでいるのかも」と言っていました。その説が本当なら、私の世界は彼が見ている世界よりくすんでいることになり、私も今よりカラフルな世界が見てみたいです。

妊娠に慣れ、でもスケジュールはスカスカに

妊娠中期

あっというまに妊娠5ヶ月、安定期。

つわりのひどい人は、安定期に入った瞬間に霧が晴れたようになり、その瞬間に「安定期キター！」と体感でわかるらしいけれど、私の場合はそこまでつわりがひどいわけでもないので、4ヶ月と5ヶ月の境目は曖昧で、妊婦用のアプリを見て「あ、私5ヶ月入ったみたい」とようやく気づきました。

それでも眠りつわりは終わらず、相変わらず眠いまま。世の中がお昼時にさしかかる時にやっと起きて、お気に入りのスイカジュースを飲んで「今日も起きることに失敗した……」と挫折感を抱きながら、スカスカのスケジュールを眺めるという感じ。

そう。妊娠5ヶ月に入った私のスケジュールはスカスカだったのです。お腹も大きくなるだろうし、疲れやすくなるだろうし、何より、妊娠中は何があるかわからないからと(出産直前まで絶対安静の妊婦さんもいますしね)、大事に大事をとって、仕事を断りまくった結果、めちゃくちゃ暇人になってしまいました。

イベント、出張など、軒並み断りまくってしまったものの、もう少しいれておいてもよかったかもしれません。もちろん私の本業は書くことなので、スケジュールがない時ほど、パソコンを立ち上げ、原稿を書き、自分で自分を忙しい方向に追い込むことが理想だけれど、そんなに意志の強い人間でもないし、書くことのインターバルに何らかの別の仕事やイベントがないと、書くネタもないわけで、はて困ったな……。

会社員の人も、もうそろそろ産休に入るのかなぁなんて思って「会社員　産休　いつから」でググってみたら、双子以上なら14週間前、普通の出産なら6週間前とかからでした。かなりギリギリまで働くんですね……というか、つわりが一番ひどい、初期に休みたいですよね。どうか休めるような制度が整ってほしい。

とはいえ安定期に入ると、お腹が重いだけで、つわり的症状がいくらかラクになるので、元気であれば妊婦でも意外と働けるかもしれません。後期は後期で体が重く、体を動かすのがしんどく、トイレが近くなり、つらいのですが、安定期は妊娠期間の中では、一番仕事に向いている期間だと個人的には思いました。

もちろん完全に人それぞれなので、これはあくまで私の感じたことという前提で読んでください。初期から出産までずっとつわりがひどい人もいるし、入院の必要がある人もいるのだけど、私の場合は「無理をしなければ、安定期は意外と動ける！」でした。

暇だし、家に引きこもるのは心の毒だから、旅行とかも行きたい。とはいえ妊婦さんの旅行は推奨されておらず、ＳＮＳなんかに投稿すると炎上の火種にもなってしまうので、おとなしくしているに越したことはありません。でも出産6週間前まで働けるような元気な人なら、会社へ行くより近場の温泉とか行きたいんじゃないかな……。働くことに関してはおかしいほど厳しくて、遊ぶことには不寛容な社会だな、という気持ちが湧きました。

妊娠5ヶ月を過ぎると、妊娠している状態に慣れてしまいます。最初は毎日、「ああ、どうしよう。こんな変化が！　こんな異常が！」と当惑するだけだったものが、「はいはい、わかってるよ～！　これも妊娠のせいだよね」という気持ちになってくる。それでも5ヶ月までは、胎児の様子を自分で知る手立てがないのでそわそわしながら暮らしたものの（心音を聞くための機械なども売っているけど、聞くのがくせになりそうで買いませんでした）、5

ヶ月の終わりにもなると胎動も感じられるようになったので、お腹が動くと「はい、今日も元気、安心安心」と気がゆるみ、なんだかいろんなことに対応出来るようになりました。

例えば、おりもの。

妊娠直後、「これからは生理がないから、パンツも汚れず、生理用品も必要なくて、楽だな！」と思っていたのもつかの間。ほどなくして、怒《ど》濤《とう》のおりもの地獄がやってきたのです。最初におりものが出たのは、妊娠3ヶ月。パン屋さんでパンを選んでいたら、下着が濡れる感覚があり、その時は、「え、もしかして、生理が来ちゃったの？」と勘違いしてパニックになり、慌ててトイレに駆け込みました。そして、下着を確認したところ、ただのおりものだったのです。

安心はしたものの、濡れたままの下着をつけているのが気持ち悪いので、トイレで下着を脱いで、小さく折りたたんでバッグにしまい、「妊娠　おりもの」とスマホで検索しながらノーパンで帰ったのが、今では懐かしい思い出です……（ちなみに、ノーパンで帰ったというと、スカートの下は丸出し状態を想像されるかもしれないけれど、冷えを防ぐために、腹巻きとペチパンツと呼ばれる薄いインナーを着用していたので、何かの間違いでスカートが脱げたとしても中身は出ません）。

ググったら、妊娠週数が進むにつれておりものの量は増えると書いてありました。でも、それを忘れて、また出先で、おりもののせいで下着が濡れ、ノーパンで帰り……を繰り返して、やっと、おりものシートを持ち歩くようになりました。

シートを持ち歩く頃には、大量のおりものにも慣れていて、いちいち「おりものだ」とは思わず「あ、出たな」と、慌てず騒がずトイレに行って、静かにシートを換えて何事もなかったかのように、日常を続けました。

お腹が大きいこと、たまに心臓がドキドキすること（妊娠中は動悸《どうき》を感じやすくなるらしいです）、眠れない日があること、反対にとても眠い日があること、トイレに頻繁に行くこと、情緒不安定な夜があること、ご飯が小分けじゃないと食べられないこと、あんなことやこんなことにも全部慣れてくる。

でもそうやって何事もなめていると、よくないですね。天災が忘れた頃にやってくるのと同じで、私の場合も、危機は突然やってきました。妊娠６ヶ月の時に久々の出張で山形県へ行き、高校生６００人の前で講演をする機会をもらったのですが、60分立ったまま講演するはずが、最初の30分で失神しそうになり、残りの30分は椅子に座って喋ることになりました。

今までの人生では失神したことなんて一回もなくて、なんなら、よく失神する少女漫画の主人公に憧れを抱いていた時期もあって、「気が遠くなるってどんな感じなんだろう！」と思っていたけれど、体験してみると、あれはかなり怖いものですね……。失神にももちろんいろんなパターンがあるだろうけど、私の場合は、視界が上からどんどんなくなっていって、目の前でシャッターをおろされているかのように、視界の中に黒い部分が増えていきました。その時に自分でも「やばい」と思って「ちょっと妊娠中で貧血気味なので、座らせてもらいますね……」と近くに置いてあった椅子を自力で動かして座ったのだけど、座った瞬間にはさっきまで600人いたはずの生徒さんたちの、一番前の列しか見えなくなっていて、意識を失う寸前でした。高校生たちに「壇上で元気に喋っていた人がいきなり倒れる」というトラウマを与えつつ、赤っ恥をかくところだったと思うとぞっとします。何より自分がびっくりしました。というわけで、それまで「私ってば元気だから、旅行も余裕で行けるんじゃないの!?」と思っていた気持ちは、その時に完全に消滅しました。妊娠っていつどこでどんな風に体調が急変するかわからないし、「元気だ」と自分では思っていても、普段の私ではないんだな、ということがこの出来事によって心に刻まれたのです。そのおかげで、その後の生活では無理をせずに、体がラクでいられる選択肢を堂々と取れるようになりました。

この頃の変化といえば、腰の痛みと、足のむくみがツートップで印象に残っています。腰の痛みは、お腹が重くなることの他に、血行不良、ホルモンの作用、骨盤の開き、運動不足などいろいろ原因があるらしいけれど、聞きしに勝る痛さでした。妊婦の友人が、腰の痛みの軽減のためにクッションを四六時中持ち歩いていたのを見て「へー！ ランチのわずかな時間くらい、我慢出来そうなものなのに」なんて思っていた過去の自分を殴りたいですね。

私は、たった半日、腰が痛いのを我慢したまま座って作業していたら、腰が痛くなりすぎてその日は眠れませんでした。そして、翌朝、起きてみたらまだ痛くて、その日は、自室のワーキングチェアやダイニングチェアに座るたびに「いたたたた……」と腰をさすりながら過ごしました。その時は、ＳＮＳで先輩ママたちに教えてもらったドーナツ型のクッション（円座クッション）を買ってきて椅子に敷いたらちょっとだけラクになりました。妊婦検診で「先生……腰が……腰が痛いんです」と涙ながらに訴えたところ、「妊婦さんはみんな言いますね。腰が痛いと安静にしがちなんですが、逆で、動いたほうがいいです」とアドバイスをもらったので、それからは、こまめに体勢を変えたり、iPhoneの万歩計の数字を気にするようになりました。

他にお腹や胸が急にかゆくなることがあったけれど、これもホルモンのせいらしく……もうホルモンっていろんなことをしますね。

それと、睡眠中に足がつるというめちゃくちゃ不快な症状も、この頃から始まりました。これはもう、シンプルに痛いです。しかも足がつること自体、めちゃくちゃ久しぶりだったのでびっくりしました。痛さで目が覚めて思わず「痛い……」と唸ったら、隣で寝ていた夫が「大丈夫か！」と飛び起きたけれど「妊婦は足がつるんだって……痛い……」と訴えたら、もっと大きなトラブルを想定していた彼は「なあんだ」と安心してしまい、すぐに眠りの世界に戻っていきました。これらの体の変化は逐一、インスタ・アメブロで更新中の「旦那観察日記」で発信して、コメント欄のアドバイスを見ながら対策を立てていたのですが、足がつる現象に関しては「バナナを食べたらいい」と教えてもらい、その日からバナナは朝食・おやつのレギュラーメンバーになりました。

まさかの妊娠糖尿病

妊娠後期
スタート

割と順調だった私の妊娠生活ですが、妊娠8ヶ月で思わぬ事態になりました。妊婦健診で「妊娠糖尿病」が発覚したのです。妊娠糖尿病は、妊婦が妊娠中になる糖代謝異常で、妊婦さんの8人に1人がなるものだそうです。8人に1人と聞くとメジャーな病気に思えるのですが、私の周りには経験者があまりいなかったので、動揺しました。

妊娠糖尿病は家族に糖尿病の人がいたり、高齢出産だとなりやすいとされますが、原因はよくわかっていないそうです。妊娠糖尿病の診断を受けてしまうと、赤ちゃんへのリスクが増えてしまうので、診断直後は悲しくて泣いてしまいました。けれど、出産経験のある友人が「実は私も妊娠糖尿病だったよ」と教えてくれたことと、出産後、胎盤が出てしまうと治る確率が高いことなど、病気について調べ、対策がわかると、心も徐々に安定しました。

妊娠糖尿病の検査はサイダー検査と呼ばれ、甘いサイダーを飲んで、その後の血糖値を測るという方法をとります。そして、診断を受けると、産院の他に、内科に通わなくてはいけなくなります（産院によっては、妊娠糖尿病の妊婦を受け入れる態勢が整っていないため、転院を余儀なくされます）。

病院では食事指導を受けた他に、採血キットを購入し（２万４０００円もしました）、１日に４回採血して、血糖値を測る生活が始まりました。採血、注射が大嫌いな私は、毎日４回も自分の指を自分で刺して、血を出して……という生活を想像しただけで吐きそうでしたが、始まってみて習慣になれば大したこともなく１ヶ月もたつ頃には、「この病気になったおかげで、自分のこれまでの食生活や、健康意識を見直す機会が出来て、ありがたい」と思うようになっていました。

つわりの時は、本能の赴くままに食べていたし、安定期に入ってからは「母乳が出るようになれば痩せるでしょ！」と自分に甘くなっていて、それに加えて、普段ならあまり食べない甘いものをすごく美味しく感じるようになっていたのです。妊婦特有の動悸やだるさなどのストレスから自分を甘やかしたくなり、「生きているだけで偉いんだから、フラペチーノくらい飲ませてくれ……」という気持ちで、スタバの新作を女子高生並みに楽しみにしていました。そんな生活に、病気のおかげでストップがかかったのです。その結果、野菜や寒天などをしっかり食べる優秀な妊婦になりました。もしも糖尿病になっていなかったら、めちゃくちゃ体重が増えていたかもしれません。

　血糖値の上がりやすい食べ物は人それぞれなのですが、私の場合は、体に良いとされる玄米で血糖値が上がってしまい、玄米よりも白米、白米よりもトーストのほうが、なぜか血糖値が上がりづらかったです。また、さっぱりした印象のお蕎麦よりも、麺と具材が混ざっているパスタのほうが、血糖値を上げづらいことがわかったのも意外でした。それから、難消化性デキストリンという、繊維のサプリメントを食前に飲むのも効きました（サプリメントは、お医者さんの許可を得てから飲み始めました）。

　診断直後は、出産が終わるまで一切外食をしてはいけないと思っていたのですが、いろいろ糖尿病について書かれた本や記事を読んで、「家で早食いするよりも、人と話しながらゆっくり食べたほうが血糖値が上がりづらい」こともわかったので、野菜を先に食べたり、量が多い時は夫に食べてもらったりしながら外食も楽しみました。お寿司を食べに行った時は、白飯が多いので血糖値が上がるかと不安でしたが、酢飯は白飯に比べて血糖値が上がりづらいことと、お寿司の前におつまみがいろいろあること、そして何より、ゆっくりちょっとずつ食べることにより、血糖値は、家で玄米菜食をするよりも上がらなかったのです。食生活を改めて見返すことによって、普段の食事でタンパク質が足りないことや、特に一人で食べる時に早食いの傾向があること、家にいる時間が長い時は、ついだらだらと食べすぎてしまうことなど、長年の自分の悪い習慣も自覚できました。

採血も、最初は何度も失敗して、指の先が痛くなりましたが、何度もやるうちにコツを摑めました。そうなると、何を食べたらどれくらい血糖値が上がるのか、実験のような気持ちで血糖値測定に臨めるようになります。もちろん、わざと血糖値の上がりやすいものを食べて胎児を危険に晒すようなことはしませんが、自分の中で「今回の食事はこれを気をつけてみよう」と仮説を立てて検証するのは、面白かったです。とにかく毎食毎食測って、傾向と対策を練るので、血糖値の上がりやすいメニューでも、こんな風に対策すれば食べられる、などの攻略法も編み出せました。

妊娠糖尿病発覚前は体に良いと思って飲んでいた甘酒も、血糖値が上がりやすいと本で見て、「あ、そういえば原材料はお米だ！」と、「漠然と体に良いもの」として摂取してい

郵 便 は が き

料金受取人払郵便

代々木局承認

6948

差出有効期間
2020年11月9日
まで

1 5 1 8 7 9 0

203

東京都渋谷区千駄ヶ谷 4 - 9 - 7

（株）幻 冬 舎

書籍編集部宛

1518790203

ご住所　〒

都・道
府・県

フリガナ
お名前

メール

インターネットでも回答を受け付けております
http://www.gentosha.co.jp/e/

裏面のご感想を広告等、書籍の PR に使わせていただく場合がございます。

幻冬舎より、著者に関する新しいお知らせ・小社および関連会社、広告主からのご案内を送付することがあります。不要の場合は右の欄にレ印をご記入ください。

不要 ☐

本書をお買い上げいただき、誠にありがとうございました。
質問にお答えいただけたら幸いです。

◎ご購入いただいた本のタイトルをご記入ください。

『　　　　　　　　　　　　　　　　　　　　　　』

★著者へのメッセージ、または本書のご感想をお書きください。

●本書をお求めになった動機は？

①著者が好きだから　②タイトルにひかれて　③テーマにひかれて
④カバーにひかれて　⑤帯のコピーにひかれて　⑥新聞で見て
⑦インターネットで知って　⑧売れてるから／話題だから
⑨役に立ちそうだから

生年月日　西暦　　年　　月　　日（　　歳）男・女				
ご職業	①学生	②教員・研究職	③公務員	④農林漁業
	⑤専門・技術職	⑥自由業	⑦自営業	⑧会社役員
	⑨会社員	⑩専業主夫・主婦	⑪パート・アルバイト	
	⑫無職	⑬その他（　　　　　　　）		

このハガキは差出有効期間を過ぎても料金受取人払でお送りいただけます。

ご記入いただきました個人情報については、許可なく他の目的で使用することはありません。ご協力ありがとうございました。

たものの原材料をしっかり意識するようになりました。これはあくまで私の体でのデータですが、私の場合は、加糖のヨーグルトとお餅（どちらも大好物）を食べた時は対策をしても血糖値が高くなってしまったので、残りの妊娠期間はなるべく避けていました（なので、産後、「何を食べたい？」と夫に聞かれた時は、一番に「みたらしだんごと黒豆大福とヨーグルト」と答えました）。

妊娠糖尿病は、産後、治ることが多いとはいえ、年をとってからの糖尿病リスクは高くなるそう。祖母が糖尿病であるにもかかわらず、これまであまり糖尿病のことをわかっていなかったので、これをきっかけに、糖尿病の方の生活の不便さ・不自由さを味わうことが出来、知識もつきました。

妊婦になって初めて見えた世界があったように、妊娠糖尿病もまた、自分以外の誰かの立場を想像し、理解するきっかけを与えてくれたのです。

妊娠糖尿病については、産後、入院中の血糖値測定はクリアしましたが、この後3ヶ月したら、もう一度、サイダー検査を受ける予定で、その検査を経て初めて、治ったかどうかわかるそうです（追記：産後も、血糖値は完全に戻らず、半年後に再々検査になりました）。

こんな風に、最初は泣いた妊娠糖尿病も、付き合ううちに「この病気のおかげで、糖尿病の人の苦労がわかった」「この病気のおかげで、健康に関する正しい知識を身につけられ、自分の体と向き合えた」などのいい面に目を向けられるようになり、自分がレベルアップしたような気持ちになりました。なってしまったものはどうしようもないから、いい面に目を向ける、そして楽しむ努力をする。これは、妊娠・出産にまつわること、いえ、人生の出来事全般に言えることだと思うのです。妊娠・出産は決して楽なものではありません。一度妊娠したら、妊娠前の体に完全に戻ることが出来ないのは紛れもない事実。

私は、この本や、それ以外の発信でも、「あったことをなかったことには出来ない」と書いています。痛かったことを痛くなかったとは書けません。でも、痛いことを認めたうえで、でも、楽しかったとか、こういう面が良かった、と自分なりに出来事を吸収するようにしています。楽しくないことも楽しめる工夫をしたり、少し距離を置き客観的になって面白みを探したり、「未来から見たら笑い話！」と思えることが大事かな、と。実際、苦労話ほど、面白いコンテンツはありません。私はブログを長年書き、自分の人生をコンテンツとして見る能力を養っていたおかげで、この「楽しむ」能力が磨かれた気がします。

この本を読む人の中で、これから妊娠・出産する人に伝えたいのは、「つらい状況も、痛いことも、『やばい、笑える』くらいの距離感を持って見てください」ということです。

私は、頭の中に一人、陽気なギャルを飼って、副音声で「超やばいんですけどーー！」とか叫ばせたりしています。

妊娠8ヶ月頃になると、胎動がかなり多くなり、妊娠9ヶ月では、30分から1時間に1回は、子供の動きをお腹で感じられるようになりましたが、これも想像していたのとは違いました。私の想像では、お腹がぽこぽこと揺れて、妊婦さんが「あ、今、動いた……」とそっと手をあてて微笑むようなイメージだったのですが、実際は、お腹がどんどんと乱暴に蹴られて「あいたたたた……」という感じです。これも、個人差があるとは思いますが……。妊娠9ヶ月にもなると、蹴る力がさらに強くなり、右のあばら骨が強く痛みました。痛くて痛くて、痛みで起きたこともあり、体を折り曲げ、お腹を押さえながら「やめて……やめて……」と胎児に向かって懇願する日々でした。

そうそう、妊娠8ヶ月では、マタニティフォトを撮りました。お腹の形が大きすぎず一番綺麗に見えるそうで、マタニティフォトを撮りたい方は、この時期がチャンスだと頭にいれておくといいと思います。

私は、知り合いの美容師さんがちょうど、マタニティフォトのサービスを始めるということでモニターという形でさせてもらいましたが、特にプロのカメラマンを雇ったり、衣装を買ったりしなくても、今は、スマホでも十分に綺麗な写真が撮れると思います。妊娠中の自分の体形がたとえ美しく思えなくても（私は、正中線の入った大きいお腹も、脇、乳首の色素沈着も、副乳も「期間限定の変化」としては受け止めましたが、「美しい」とは思えなかったのです……）、やっぱり、産んでしまうと見られなくなるものなので、私は、撮っておいて良かったと思います。いつか子供に見せる楽しみも出来ますし。

自分で撮る場合は、お散歩をかねて晴れた日の公園などに行くのがオススメです。背景に空か緑が写っていると、すごく素敵な写真になるので。私も一度、臨月の入院前日に妹と母と一緒に、緑の多い公園に、撮影に行きました。お腹の写真も、子供の写真もあれこれ撮っておいて、撮りすぎることはないです。毎日変化があるので、撮る時はちょっと面倒に思えても、後から振り返ると「あの時撮っておいて良かった」と思うことばかりです。

露出も収入も減って、フェミニズム本を買い漁った

妊娠9ヶ月

妊娠9ヶ月からは、とにかくお腹が重くて重くて……ちょっとした移動さえつらくて、「早く出したい、早く生まれて」が口癖になりました。病院の先生には「早く生まれてほしいなら、子宮が下りてくるように、とにかく歩いて」というアドバイスを受けていましたが、歩くのはかなり大変……というかもはや苦痛でした。そして、お腹が重すぎてどこに行くにものたのたしていたし、歩く時の効果音は「のっしのっし」です。いよいよ最終形態に近づいたという自覚がありました。

また、臨月が近づくにつれて、歩くと足の裏が痛くなりました。これは、普段と違う体重のかかり方が足の負担になっているからだそうです。私の場合、左足のかかとがものす

ごく痛んだのですが、産後、整体に行くと、右足よりも左足のほうが長いという指摘を受け、「なるほど、左足のかかと部分にいつも重心がのっていたんだな」と辻褄《つじつま》があいました。

歩くと足が痛むせいで、家にいる時間がどんどん長くなるので、世間から切り離されているような疎外感をこの頃はとても強く抱いていました。

妊娠を発表してからというもの、仕事がごっそりと減りました。つわりを案じて、自主的に仕事をあまりいれなかったことも理由の一つですが、妊婦であることが理由のものも多くありました。私の収入源の一つに、いわゆるインフルエンサー的な「商品を使って、ＰＲツイートをする」とか「タイアップ記事でインタビューを受ける」というものがあります。広告なのでお金は良いのですが、妊娠中は、あらゆる商材で「妊婦だから」という理由で仕事が受けられませんでした。断った中でも、アルコールと生理用品と旅行の案件は大きなお仕事でしたし、自分でもやりたかったので悔しかったです。アルコールは当然妊婦ＮＧですし、生理用品は、妊婦もよく使う……というか、私は、妊娠初期からおりものが出続けていたので、毎日ナプキンやおりものシートのお世話になっていたのですが、一般的なイメージでは「妊婦＝生理がない」状態なのでＮＧ。いつどこで、体調の急変があるかわからないので旅行もＮＧ。

イベントや講演のお仕事も、移動や拘束時間の関係でお断りすることが多かったです。代わりに、妊娠・出産をテーマにした雑誌の取材を受けることが出来たり、いろんなメーカーさんから葉酸のサプリメントやベビー用品をもらえたりとラッキーなこともあったけれど、全体で見ると露出も収入も減りました。

転職、休職などを経験したことがある人は、イメージが湧きやすいかもしれませんが、働き方が変わるってそれだけで、不安だし、ストレスです。なのに妊娠の場合、それに加えて、体の不調・不自由、生まれてからは、子育てと、非日常が多すぎるんですよね。また、暇になると、ルーティンが減るので、朝起きて、何していいかわからなくなったりするんです。これが非常に心の健康に悪かったです。

仕事を失うことは、私にとってアイデンティティと自信を失うことでもありました。妊娠中って何度も別の自分になるといっても過言ではないです。体も心も不安定になり、生活が不規則になる中で今まで当たり前だったことが出来なくなり、仕事のやる気も失う。つわりはつわりでしんどかったけれど、妊娠後期はとにかく体全体が重くて「どこかへ行こう」とか「人と会おう」という気になれない日もありました。そうして、一人の時間が長くなると、どんどん世の中から見離された気になるんですね。で、そんな中で私の唯一の「居場所」がネット——というかＳＮＳになるわけで、基本的には、ＳＮＳでの発信と交流が、毎日の生きる糧《かて》になっていたけれど、その中で嫌なものを見てしまうと、世界が閉ざされている分、いつも以上に気になったりしました。

　また、収入が減る中で、私は「誰かを養っていく」という、男性のプレッシャーを疑似体験しました。うちは母が熟年離婚をしているので、母の家賃・生活費などは、ずっと私が負担しています。もう何年もそのスタイルだったのですが、妊娠中、母が住んでいたマンションの契約更新時期が来て、引っ越すことになりました。その時、いくつか引っ越し先の候補物件を送ってもらったのですが、母が何気なく送ってきた物件がかなり高額だったことがあったのです。妊娠でナーバスになっていたこともありますが、私は、母がなんのエクスキューズもなく、その物件の情報を送ってきたことにショックと怒りを覚えました。それで、つい「あのさ、お母さん、自分でその物件の家賃、出せるわけ？」と突っかかってしまったのです。母は自宅でパン教室をしていますが、ほぼ赤字で、実際は専業主婦に近いので、家賃を捻出出来るはずはありません。母は、特に深い思惑なく、「こんな物件もあったよ」と見せるつもりで送ってきたのでしょうが、わかっていても、「私の稼ぐお金だからね」と嫌味をぶつけてしまいました。

昭和マインドの夫が専業主婦の妻にぶつけるお決まりの文句「いったい誰のおかげで暮らせてると思っているんだ？」と全く同じです。――専業主婦って、なんて能天気なんだろう。この金額を稼ぐために、どれだけ私が働かなくちゃいけないのか、ちゃんとわかっているんだろうか？　私は妊娠してから収入が減り焦っていて、これからの仕事がどうなるかもわからないのに――そんな方向に暗い考えが広がってしまいました。

「妊娠してから、収入が落ちているんだけど」と母に伝えると母は、「そんなに贅沢な暮らしをしなくてもいい」「私も働く」と言いましたが、それらのセリフを聞いても「母が働いたところで、そんなに稼げないのに……」と否定的な、意地悪な気持ちになりました。そういうことを思う自分も嫌なのですが、止められないのです。

母が私のお金を使うことに対しては、ありがたく思ってほしいと思っているくせに、申し訳なさそうにしていると、今度は「私がそれくらいの金額も稼げないと思っているの？」と、また自分を否定されたような気になってしまう。

じゃあどうすればいいのかという話なんですが、正直、私にもよくわかりません。ただ、この時、自分が時代遅れの男性のようなマインドで母にとってしまった態度や、芽生えてしまった感情、そもそも母が専業主婦にならざるを得なかった社会構造――一度専業主婦になってしまったら、どんどん社会復帰が難しくなること、子育てが終わってさあ社会復帰、と思っても雇ってもらえるような場所がなかったこと、パートナーの経済的な助けがないと、子育てが成り立たないこと——について、深く考える機会を持とうと思い、フェミニズムの本をめちゃくちゃ買って、読み込みました。

良い解決法を見いだせたわけではないのですが、「家族を支えなくては」という家計を支える男性のプレッシャーと、妊娠中の女性が感じる「社会からのけものにされている」感覚。どちらもつらいということが、記憶に刻まれました。

分娩に痛みは必要ですか？

無痛分娩と
産院の決め方

産院は正直、あまり調べずに決めました。

無痛分娩で産むことだけは決めていたので、都内の産院で無痛分娩が出来る産院をリストアップして、その中から「自宅から通える距離」という軸で絞り、各産院で出産した方のブログ記事などを読み、候補を二つまで絞ったところで最終的には電話で決めました。最初に電話した産院は電話が混み合っていたのかつながらず、2番目に電話したところは、電話がつながり、対応もよかったのでご縁を感じたのです。ただ、最初の予約を取るのにも、「混み合っていまして……」とかなり先の日程を指定されたことに驚きました。この産院が特別人気というよりも、都内の人気産院はどこも予約で一杯だそうです。少子高齢化の問題がこれだけ取り沙汰されている中で、保育園が十分にないことも問題になっていますが、その前の「産む」段階で、行列が出来ていることに驚きました（このことをブログに書いたら産院で働く助産師さんから「うちの地域はガラガラですよ」というコメントもついていたので、地域差はあるのかもしれませんが、少なくとも、都内の病院で無痛分娩の予約が取りづらいことは、友人たちの話を聞いていても実感しました）。

「なぜ無痛分娩なのですか？」という質問は、ブログに最も多く来た質問の一つなのですが、単純に、痛みを避けたいからです。また、痛みが軽減される無痛分娩のほうが、産後の母体の回復も早いという記事を読み、逆に普通分娩という選択肢が頭の中に浮かびませんでした。

例えば、人生の中で「交通事故の痛みを、経験したほうがいいよ」と言われても、わざわざそんな経験をすすんでしたい人はそんなにいないんじゃないでしょうか。手術だって当たり前のように麻酔を使いますよね。わざわざ「麻酔のない痛みを経験したいので、麻酔ナシでやってください」と言う人はいないはず。

なのになぜ出産だけは、痛みを回避することが特別になるのか、よくわからないのです。もちろん、無痛分娩にはデメリットもあって、事故の事例もあるし、お金も普通分娩より多くかかるんですよね。でも、無痛分娩がスタンダードになっている国もある中で、必要以上の批判、特に「痛みを感じないと生まれてくる子供を愛せない」などの感情論で無痛分娩を選んだ人を叩くのは、解せません。ちなみに、無痛分娩も普通分娩も経験した友人たちが、「次があるなら絶対に無痛」と口を揃えて言うことを付け加えておきます。これに関しては、個人の好みでどちらを選んでもいいと思いますが、痛みを回避することに対して罪悪感を覚える必要はないと思っています。産後、下半身の痛みに唸っていた時には、助産師さんが、痛み止めの薬をくれながら「痛みを我慢するメリットはないので、お薬に頼ってくださいね」と言ってくれました。学生時代、生理痛は陣痛の痛みの練習だから耐えたほうがいいという謎の理論に洗脳されていた私に伝えてあげたい言葉です。出産を無事に終えた今、胸を張って言えますが、生理痛をいくら耐えても、陣痛の練習にはなりません。「痛み」は、我慢したところで耐性はつかないので、どんどん回避していいと思います。

事実婚を選んだ理由

彼の「家」ではなく、「彼」と結婚したかった

結婚ではなく事実婚を選んだ理由は、これまでにもインタビューなどでたくさん話してきたけれど、良い機会なので、改めて自分の言葉でまとめてみようと思います。

もともと私は、普通に結婚（法律婚）願望を持っていた割とコンサバな会社員だったのですが、それまでの自分の価値観のままでは付き合えなかった夫と付き合うようになってから、どんどん今まで自分を包んでいた「普通」を疑うようになっていきました。私がそれまで「普通」や「世間の常識」だと思っていたものは、私がいた環境の平均値でしかないのです。その「普通」には「従うのが普通」という思考回路で育ってきて、その「普通」の選択が自分にとって、居心地の良いものなのか、疑問を持ったことさえもありませ

んでした。

彼と付き合って、反対側の立場から見た時に物事の基準はくるっと簡単に裏返ることを経験して（例えば、彼は職業柄世の中で下に見られてしまうことが多いと思っていたけれど、場所を変えれば、彼は男性たちのヒーローで、中には「恩人だ」と飛びついてくる人や泣き出す人もいます）、普通を疑うクセがつきました。もちろんそれは時に、自分が育ってきた環境や価値観や経験の逆だったから容易なことではなかったけれど、大人になってから、一から大きな価値観の変化を体験できるなんてなかなかないので、彼と付き合うことで思考が自由になって本当に良かったと思います。

「事実婚」という言葉自体はずっと知っていましたが、ちゃんと調べたのは、彼の名前で不動産の審査が通らなかった時でした。現役AV男優の彼は、マンションの賃貸契約の入居審査とクレジットカードの審査にめちゃくちゃ弱いのです。一度なんて、無職の友人と一緒にデパートで作れる無料のクレジットカードを作りに行って、友達は審査に受かったのに、夫は秒で落ちた……なんてこともありました。20年以上のキャリアがある肩書が無職よりも弱い肩書だということで、彼は「ネタが出来た」なんて喜んでいたけど、この時、すでに彼と一生一緒にいたいと思っていた私は「私の社会的信用をある程度守っておかないと、将来困るなぁ」とひそかに思いました。

ちなみにAV業界の人がみんな、審査に落ちるわけではありません。AV女優さんの場合、住まいを事務所が借りてくれることもあるし、女優さんも男優さんもほとんどが芸名なので、そういう時は問題ないのです。審査担当の人も、「この人、AVに出てないか？」と思ったとしても芸名と本名が違えば「気づかなかった」と建前が言えるので、審査を通してくれることが多いらしいです。けれど、夫の場合は芸名のしみけんが本名を短縮しただけの呼び名ですし、顔もある程度知られているので、不動産担当者も「知らなかった」とは言えないらしいですね。

だから、私の名字も「清水」に変えると、もしかしたらこの先何かの手続きで不都合が出るかもしれない、と考えました。彼が、私の名字を名乗って本名を「伊藤健」にするのも良いかなと思ったりしたけれど、彼は清水という長年使い慣れた名字を気に入っているようですし、同時に名字ってそもそもなんで結婚で変えなくちゃいけないんだろう？　という疑問が湧きました。

それに加えて、うちは親戚付き合いが濃いわけではなく、薄いからこそ、「どんな人がいるかわからない」という難点があり、彼が伊藤姓になった時、親戚の中で嫌なことを言ってくる人がいるかもしれない、という考えも浮かびました。そんな面倒な親戚がいるとは思えないけれど、血縁関係って、ちょっと自分の手に余るところがあって、「絶対」とは言いきれません。

昔、父親が家系図を見せてくれたことがありましたが、会ったことのないおばさんや、赤ちゃんの時に1回だけ会ったことがあるらしい、続柄の呼び名もよくわからぬ親戚などもいて、そのうちの誰かが夫の仕事を気に入らず気分を害したらそれはそれで嫌だな、と思いました。

また、妹はお付き合いをしていた人から「お姉さんが、ＡＶ男優と結婚するなら、両親が心配するから、僕はあなたと結婚できない」と言われたこともあるそうです。親戚の結婚相手をそこまで気にする人もいるんですね。

念のため付け加えると、職業なんて法律をおかさない限り（反社会的勢力などでない限り）は本人の自由であり、家族はもちろん親戚に怒る権利はないと思います。だから、怒る人がいたとしたら、「そう思うほうが悪い！　おかしい！」と言って無視するだけなのですが、それでも揉めごとって、煩わしいですよね。私が戦わなくちゃいけないのはもっと広い社会であって、親戚と争っている時間もパワーも、もったいないのです。

結婚というのは、結婚式などで親戚一同を招待するならわしからもわかるように、本人同士と同じくらい、家と家の結びつきであったりします。相手の親の介護が、妻に期待されたりするように、戸籍的に「家族ですよ」となったら、制度の中・外にかかわらず、あらゆる面で責任やら何やらが発生します。私はそもそも、親戚付き合いも薄いし、両親は熟年離婚しているし、「私の結婚で親戚一同を集めたい」という願望も特になく、自分自身がどちらかというと、親戚付き合いをしたくない性格なので、結婚よりも事実婚のほうが向いていると思いました。

彼の家族が嫌いなわけではないけれど、彼が好きだからといって問答無用で、実質的に他人である彼の両親を好きになれるわけもありません。

私の幼い頃の記憶では、母が親戚に軽くいじめられたり、祖父の葬式に見たことのない親戚が怒鳴り込んできて、祖母が泣いていたり（未だに何があったのかわからないし聞けない）、なんだかんだ、ネガティブな記憶もたくさんあります。

自分の親・兄弟でさえ価値観が合わなかったり、喧嘩したりするのに、親戚となればもうお手上げです。たまに「相手の親戚ともうまくやっている円満な結婚」を目にすると、それはそれで「すごいなー！」とか「素敵だな」とは思います。無関係だったもの同士が、結びつき、特別な関係になるってすごいことですよね。うまくいっているものを否定する気は全くないのですが、でも、それが出来ない人だっているし、そうじゃないパターンも世の中には溢れていると思うのです。私の知人は、姑を憎むあまり、その息子である旦那にまで殺意を抱くようになり、毎晩離婚を考えながらも娘のことを考えて我慢しているそうですし、穏やかではない世界が展開される可能性も大いにあります。

　結婚により、名目上親戚になったからといって、その日から無条件に愛せるほど、世界は平和で単純じゃないと思っています。

形式も儀式も いったん忘れてみた

事実婚の手軽さ

私は事実婚の、両親に「娘さんをください」などと言わず、何の形式的な儀式もなく、本人同士の意思だけで出来るところが気に入っています。実際、私と夫の事実婚は、家族にはほぼ事後報告です。２０１８年の６月22日に、私が、区役所に夫を引っ張っていき、手続きを終えたところで、母と妹との家族ラインに「事実婚なう！」と住民票の写真と、区役所の前で撮った自撮りのツーショットを送りました。もちろん、事前に「事実婚の手続きをとる予定」とは言ってあったけれど、いつかなどの具体的なことは家族には告げておらず「今日してきたわ！」と突然送りました。妹はおめでとう、とクールに祝ってくれて、母は「なんか泣きそう〜！」とラインを送ってきたけれど、結納やら何やらある結婚に比べたらだいぶあっさりしています。
母と妹は、交際初期から夫に会っていたけれど、母との離婚後、関西に暮らしていた父には、事実婚を世間に公表しただいぶ後に、初めて夫を会わせました。そして、みんなで、美味しいと評判の、でも煙がもくもくしている、リーズナブルな焼き肉を食べに行きました。

夫はTシャツにジーンズで出向き、「これまでご挨拶もせず……」なんて形式ばった挨拶は一切口にせず、父が一方的に喋る「最近、音楽関係の人と知り合って、コンサートにタダで行ったんだよ」、なんていうのんきな話を聞いていました。その後、歴史好きの父が、歴史の話を始め、興味のない私がまるっきり上の空だったのに対して、クイズと雑学が大好きな夫は、身を乗り出して「それは面白いですね」などと相槌を打っていて、父は上機嫌だし、焼き肉も美味しくて、よかったなーという平和すぎるシーンのまま、お開きになりました。あまりにお気楽すぎる「父との初対面」でしたが、それが、私にはとても嬉しかったです。

私は私で清水家の「嫁」になったという感覚を持っていません。というか、結婚してから1年以上、夫の両親にも親戚にも会いませんでした。こういうことを書くと、「そんなの非常識だ！」とか「信じられません」と言われそうだけど、事実婚は実質、同棲の延長なので、「じゃあ、同棲する前に、両親にご挨拶しましたか？」と聞くと、同棲の前に、親にお互いを紹介していない人も多いと思うのです。親戚同士、家族同士はお互いに会いたいものである、というのが、すべての家庭にあてはまる「常識」ではないと思います。

夫の両親は、結局、出産後、産院に来てくれたのが初めての対面となりました。遠くから、体の状態も万全ではない中、電車を乗り継いで会いに来てくれて、生まれたばかりの息子を抱いてくれました。和やかに楽しくお話ししたけれど、それ以上でも以下でもありません。なんというか、ベタベタする関係が苦手な（というより、そういう関係になる人は限られるし、そんな風になるまでに時間がかかる）私にとっては、心地よい距離感でした。「嫁」としてではなく、個人で見てもらいやすいことは、事実婚のメリットかもしれません。

日本には、まだまだ「嫁はこうあるべき」という固定観念があるように思います。でも、そちらに自分を合わせていくよりもありのままの自分を受け入れてもらうほうがラクです。「嫁はこうするもんだ」と勝手に思われ、例えば介護の役割がまわってきた時に「やって当然」と思われたりするのも、なんだか嫌です。「うちのところの嫁は、嫁っていっても自分が嫁という意識もなさそうだし、事実婚とかいうよくわからないことをするくらいだから、変わり者っぽいな。あてにしないでおこう」くらいに思っていてほしいなーと思っています。別に面倒を避けたいわけではなくて、「あてにしないでおこう」と思ってもらったほうがプレッシャーが生じないからです。

というわけで、1年間、「事実婚」をしてみてのメリットをまとめると、

- 名字を変えなくていいことを始め、結婚に関係する手続きをしなくてよくてラク
- 「家族」「嫁」のイメージにとらわれず、親戚付き合いなども周囲に求められない
- 名字の変更、親戚との結びつきがないことから、結婚に比べると簡単に関係を切れる
- 相手の家族を気にせず、常にパートナーと「私とあなた」の関係でいられる……

ということですかね。デメリットは特にありません。あえて挙げるなら周囲の人やSNSで「どうして結婚しないの?」「子供がかわいそう」などと言われたり、結婚を否定していると思われてしまうこと。それから、子供を産む時には「胎児認知」という手続

きが必要でしたし、出生届を出す時に「非嫡出子」にマルをつけるように、区役所の方に指示されました。とはいえ、「非嫡出子」になることを拒否することも出来るようです。私は、書類一枚のことなのと、誰かが出生届を今後見ることもないので、特に何もしませんでしたが……。

結婚と事実婚の違い

事実婚のデメリット

私が挙げたメリットは、私にとってはメリットですが、例えば「簡単に関係を切れる」ことを、不安定で嫌だと考える人もいると思います。それに人間関係に関しても、私は自分の親戚とさえ付き合いが希薄だから、親戚付き合いがなくてラクちん！　と考えているけれど、さみしく感じる人もいるだろうし、親戚付き合いの濃い関係に慣れている人は、それはデメリットになると思います。何が良いか悪いかは、人それぞれだと思うのです。あくまで私が言いたいのは「従来の結婚に疑問を感じる人にはこういう選択肢もあるよ」ということだけで、結婚を否定しているわけではありません。

昔、知り合いが「結婚するというのは、ふるさとが増えることだよ」と言っていて、素敵な考え方だな、と思ったことがあります。私は自分の出身地には、一番長く住んでいる神奈川を挙げるけれど（神奈川県川崎市。ただし、川崎の中でも何度も引っ越しを繰り返しています）、母は大阪、父は滋賀出身で、親戚はみんな関西にいるので、関西を第二の故郷のように感じています。両親は家の中ではばりばりの関西弁だったので、「関西弁」と知らないまま標準語だと思って使っていた単語があったり、家族の間でだけ関西弁を使ったり、料理の味付けは関西風が好みだったり、そんな自分の関西ルーツを、誇りに思っています。だから、結婚を機に相手の田舎が自分の田舎になって、特別な場所が増えるのは、良いことだと思います。

――ただ、それって別に事実婚でも、出来るっちゃ出来るんですよね。

結婚していないと出来ないことなんてなくて、結婚で出来ることは事実婚でも出来るし、事実婚で出来ることは結婚していても出来ます。

それと、どちらかが専業主婦（主夫）になるのなら、結婚のほうが、便利なこともあります。例えば、社会保険・健康保険に関しては、法律婚をしていれば「配偶者控除」というものが適用されます。これは、専業主婦の立場からすると大きなメリットになりますよね。でも、これは双方にある程度収入のある共働きの夫婦にはあまり関係のない話。私も、夫がいる・いないにかかわらず、自分が生きていける分のお金は自分で稼ぎたいと思っているので、「そもそも適用外だし」とあまり深く考えてもいないし、調べてもいません。

結婚して1年の間に、事実婚ならではの手続きをしたことは、たった3回で、1回は、クレジットカードの家族カードを作ろうとした時に「名字が違う相手を家族会員とする場合は証明書が必要」とのことで、事実婚の証明になる住民票のコピーを提出したこと。

2回目は、妊娠6ヶ月で、私の本籍地に「胎児認知」の手続きをしに行ったこと。これはどういうものかというと、生まれてくる子供を、父親が子供として認知することの証明です。これを出さなければ、出生届を出しても子供は私だけの子供となってしまうのですが、胎児認知を出しておくと、生まれた後に出生届を出した時に、自動的に「二人の子供」として、普通の子供と同じ権利が付与され、父親の遺産を相続する権利なども発生します。

3回目は出生届を出す時。先述しましたが、子供は「嫡出子」ではなく、「非嫡出子」となりました。また、出生届の届出人は「母」となり、子供は、特別な手続きを踏まない限り、母親の名字を受け継ぎます。

これらからわかるように、事実婚のデメリットとして世の中で挙げられていることのほとんどが「緊急で特殊な事例」であり、日常的な不便ではありません。

例えば相手が急死した時に法定相続人になれないとか、手術の同意書にサインが出来ないなどのデメリットもよく挙がりますが、手術の同意に関しては「内縁の妻です」と言えば特に問題なかったという事例もネットに多く載っているし、世の中もどんどん変わって来ているし、今は過渡期なのかなーと思っています。

それに、もしも今後、日本で夫婦別姓が認められれば、私が事実婚を選んだ最大のメリットである「名字を変えなくていい」という権利が、結婚してからも認められることになります。そうなれば、私たち夫婦も事実婚から結婚に変更してもいいかもしれません。別に事実婚にこだわりがあるとか、人と違う生き方をしたいとか（その先に目立ちたいとか、そうすることで仕事を得たいとか）そんな気持ちはなくて、単純に「名字を変えるのが嫌だな」というのが出発点なので、結婚への強い拒否感も事実婚への強いこだわりもありません。

結婚っていいな、と思った瞬間は1回だけあって、それは、胎児認知のために、夫の戸籍謄本を取りに行った時です。夫の戸籍を見せてもらうと、3ページあって、両親の名前とともに、元奥さんの名前と、子供の名前が載っていました。それを見た時に、「ああ、この人の戸籍に、私の名前は載っていないのか」ということをふと認識したんですよね。とはいえ、戸籍なんてそうそう見るものでもないし、私と夫が事実婚をしたことはニュース番組で扱ってもらったり、ネットニュースにもなったから、周囲に認知もされており、いまさら別に紙切れ一枚はどうってことない問題です。ただ、「戸籍に載っていない」ということを、形として見たのがその時だけだから、「これが結婚と事実婚の違いかぁ」と気づかされたというエピソード。

事実婚と結婚の違いは、運転免許証を持っているかどうかに似ていると思います。私は運転免許を持っていません。大学時代は取る気満々で自動車学校に授業料を全額支払ったけれど、いざ授業が始まると、運転は自分に向いていないと思って、授業を放棄してしまいました。

日本では、身分証として「運転免許証」の提示を求められることが多く、ことあるごとに「免許証をご用意ください」と言われます。なので、持っていないと不便といえば不便です。でも、持っていない人も周りにはいるし、パスポートや保険証やマイナンバーカードなど他の証明書を提出すれば事足ります。

地方に行くと車が運転できないのは不便かもしれないけど、東京に住む限りは、交通が発達しているので、免許を持っていないことが特段大きな問題にはならず、実際、周りには持っていない人もたくさんいます。

免許保持者は「せめてバイクの免許だけでも取っておいたら、身分証として使えて、便利だよ」と取ることをすすめてくるけれど、私からすると、身分を証明するためだけに、バイクの免許を取るくらいなら、身分証が必要な時だけパスポートを持ち歩いたほうがラクなのです。

免許を持っていないからといって、いじめられることも特にありません。「事実婚だと子供がいじめられますよ」と言う人もいたけれど、そんなことでいじめるといういじめる側の倫理観が圧倒的に間違っているし、そもそも人をいじめること自体が人間としてアウトです。そんな人の常識に合わせる必要はありません。

私は、学生時代に何度かいじめを受けているけれど、その中でも特に大きな理由のトップ2は「リレーの選手になったこと」（その年、リレーの選手に選ばれなかった先輩にいじめられた）と「登下校の時間をみんなと合わせなかったこと」（行き帰りの電車の時間を本を読むためにずらしたらいじめられた）でした。いじめる人は、いじめる理由があるからいじめるのではなくて、いじめる相手が欲しいから、いじめる理由を見つけるのです。「お父さんがＡＶ男優だなんて、子供がいじめられますよ」と言う人もいますが、それも、いじめる理由を見つけたいだけの人。両親の職業を理由に人を見下す人なんて、その時点で距離を置いたほうがいい相手なので、子供には「相手にしないように」ということと、「人を肩書や相手の両親の仕事で判断しないように」ときちんと教えたいと思っています。

AV男優と結婚するために宗教を変えた

価値観は変わる

旦那さんのお仕事で、傷つくことはないんですか？　とよく聞かれます（その中には、「私だったら傷つくのに……。私はあなたと違ってピュアなんです」という謎のピュアマウンティングが入っている人もいて面倒だけど、その話はいったん置いておきます）。

――傷つくことがないと言ったら嘘になるかもしれません。

私は、それまで「性行為は恋人との愛の証明」という少女漫画やドラマの洗脳のもとに生きてきて、性行為を職業とする人とは全く縁がなかったので、最初は「なんで？」と思いました。

とはいえ夫は私に仕事を隠していたわけではなくて、出会った時から堂々とAV男優を名乗っていて、それを私は面白く感じ、「人生の中で、こういう人と付き合ってみるのもアリかも」と思ったことが、交際を決める要素の一つになりました。なので、彼に非はありません。彼の人生では、仕事より私との出会いのほうが遅いのに、後から出てきて「仕事より私を取れ」というのはおかしいですよね。そもそも、仕事と恋人は天秤にかけるものではないし、自分は彼のために仕事を諦めたわけでもないのに、一方的に私の価値観に合わせろというのはおかしいと思います。変えるべきは、世の中の「常識」にまみれた私の価値観のほうだということは、最初からわかっていました。でも、頭の理解と心の理解は違うので、時間がかかりました。

頭では「これは仕事だ」と思っていても、心が追いつかないことは未だにあります。私は、夫の名前で検索をして余計なものを見ないようにしているし、AVも見たことがありません。

夫と付き合い始めて2年間は、ダメだとわかっていても、夫の名前で検索してそういうものを見てしまい、過呼吸を起こしたり、夫が、AV女優さんについて喋っている記事を見て号泣したりしました。夫と離れて実家にいる時は、悩んで悩んで悩みすぎて、夜中に突然起きて泣き始め、誰か死んだのかと勘違いした家族が起きてきたこともあります。

今でも、夫と他の人とのラブシーンを目の当たりにしたら、泣いたり過呼吸を起こしたりする可能性がゼロではないので、見ないと決めています。とはいえ、無理をしているわけでありません。私は、夫の仕事を心から尊敬していて、「一生ＡＶ男優。現役のまま人生を終えたい」という目標を一番近くで応援したいし、支えたいと思っています。彼の人生のパートナーとして、仕事の一番の理解者でありたいのです。

これは政治家の妻の覚悟と似ているかもしれません。ドラマや漫画でしか見たことがないけれど、政治家の妻って愛人が何人いても、ぐっとこらえて、愛人のところに平然と着物で訪れて「〇〇が政治家でいられるのは、私の支えがあってこそです……！　愛人は男の甲斐性!!　むしろ一流の政治家の証です」とかいうアレです（本当にそういう人がいるのかは謎ですが）。

恋愛は、もって3年と言われます。そしてその後、男女の関係が続くかどうかはお互いを人間として尊敬できるかどうかだそう。

だから、私は彼との間に、肉体的な結びつきを超えた精神的な強い結びつきを築くことを意識しています。「私と結婚するなら、仕事をやめてください」という女性は、うちの夫とは付き合えないのです。「どうぞ思う存分に仕事をしてください」と思えるようになったから、彼との仲が唯一無二のものになったと思います。一般の仕事ではないのだから、一般の恋愛の型の中にはいれられない。私の「一般的」な恋愛観を改めよう……そうして徐々に自分の価値観を変えていきました。

これは、宗教の違いを超えるようなものだと思っています。今、日本に住んでいる人のほとんどは「付き合っている間も、結婚しても、一人１パートナー。セックスは一人の相手とだけ」という宗教に入っています。私もその宗教をずっと信じていたけれど、夫と一生一緒にいたいので、数年間かけて宗教を変えました。

夫は、普通と大きく逸脱した価値観を持っています。他の人と違うことで苦労もあるけれど、その代わり、他の人には出来ないことをたくさん出来るんです。

本人は「ＡＶ男優になっていなかったら、逮捕されていたかもしれない。この仕事が僕を人間にしてくれた」と語っているけれど、普通に生きていたら、良くない方向にはみ出していた可能性も大いにあります。今はある程度常識人として振る舞っているけど元々、女の子が好きで好きでしょうがなくて、変わった性癖もあって、ＡＶ男優という仕事にたどり着いた人だから、仕事と彼は一心同体。切り離すことは出来ないでしょう。

彼にとっての「性」は私にとっての「書くこと」に置き換えられるのかもしれません。小さい頃から本が大好きで、気持ちを会話や表情で表現出来ない分、書くことで救われ、それが今は仕事になっている私にとって、書くことと好きな人は天秤にかけられません。もし好きな人に「僕と結婚したいなら、書くことは一生諦めてほしい」と言われたら、ギリギリで書くことを取るかもしれません。

だから、私も彼に「私のことが好きなら、仕事をやめてほしい」なんて言えないのです。「好きなことを仕事にした」ことと、「仕事が生きる支えになっている」ことが、私と夫の共通点です。ジャンルが違うだけで。

ちなみに私は、以前ブログで「道端で会ったファンの人などに旦那の筋肉に触られるのが嫌」と書いたことがあります。体を鍛えるのが趣味である彼の筋肉を触りたがる人は多いのですが、気軽に触る人を隣で見ていると複雑な気持ちになります。それを「なぜ、筋肉を触られるのは嫌で、性行為は許せるのか」と聞かれたこともありますが、それは、お医者さんに胸を見せることと、一般の男性に胸を見せることの違いのようなものです。

ＡＶ女優さんという、覚悟を決めてその業界に入ったプロと性行為をするのは、お医者さんに胸を見せるのと同じで、プロに委ねること。ただ、ＡＶ女優さんと仕事でする性行為以外の性的行為は嫌だと感じます。

「仕事場での夫と、家での夫は違う」ということも、ここで触れておきます。夫は、「ＡＶ男優しみけん」として、イベントに出る時や、インタビューを受ける時は、9割がエロ絡みなので、発言が下ネタに直結していて、正直、「しみけん」の発言がすべて好きなわけではありません。でも、私といる時の夫は、しみけんではなくて「けんちゃん」なんです。

これは私が、「はあちゅう」と本名である「春香」である時のモードが違うことや、パブリックなイメージと現実の自分自身が違うことと似ています。私も、仕事用と家庭用と二つの顔を使い分けているというか、いつの間にかそうなってしまったので、夫が一つの体の中に、二つのキャラクターを持っていることが理解できるのです。

本来は、人間が持っているキャラは二つどころではありません。家族に向けた自分、兄弟姉妹に向けた自分、後輩に向けた自分、恋人向けの自分……みんなそれぞれ違う自分を持っているはず。それに「この人といると、自分のいいところがどんどん出てくるなぁ」という人と、相手によっては「この人といると、自分の嫌いなところが出てしまうな」という人がいるはず。相手にする人の数だけ、自分もキャラを使い分けているんですよね。だから、大切なのは「自分にとってのその人はいい人か」ということ。たとえ、誰かにとってのキャラが理想的でなくても、それは自分には関係ありません。私は私の目の前の「けんちゃん」が大好きだから、「しみけんさん」は、けんちゃんとはちょっと違う人、と考えています。だからメディアに出る時のしみけんの発言や振る舞いを、褒めることはあっても、「あれはやめてよ」などと制限をかけることはありません。それはけんちゃんも同じで、私の「はあちゅう」としての発言や仕事には、私から相談しない限り口出しすることはないのです。私が「春香」として困っていたり元気がなかったりすると、もちろん気にしてくれますが。

彼の仕事を容認できるようになった経緯、理由は他にも語りきれないくらいあります。例えば、彼のセックスのプロとしての仕事を表と裏で、何年も見続けてきたことも理由の一つです。仕事でのセックスは普通のセックスとは違うとわかったことは、私の中で大きな転換点となりました。ＡＶ男優の仕事は、おそらく、人が想像している以上に過酷です。ＡＶというのは、ある程度ファンタジーを与えなくてはいけないものです。だから、撮影現場での苦労はあまり表で語られません。最近はＡＶ強要問題で、女優さん側の苦悩が明るみに出ることは増えたけれど、同じ演者であるはずの男優の苦悩はなかなか表には出ません。けれど私は、男優の仕事がどれほど制限が多く、大変な仕事かを隣でずっと見てきました。

「男優はみんな好きでセックスしている」とか「綺麗な人とばかりセックス出来ていいな。男の夢だ！」と考えている人は多いことでしょう。

もちろん、お得と思える部分もあるだろうけど、例えば撮影がおして、真夜中の12時まで自宅待機で、1時に「来てください」と言われ、現場にかけつけたはいいものの、女優さんの気分がのらないという理由で、3時まで待たされる。そんな眠くて帰りたい状態で、精神を統一させて台本通りのセックスをするなんて現実を横目で見ていると、夫がやっているのは遊びではなく、あくまで「仕事」なんだなぁとだんだんと理解していったのです。

性欲と愛情は別もの？

恋愛と結婚は
違うかも

妊娠を機に、恋愛と結婚は、別ものだという気持ちも生まれました。長い人生の中で、お互いに誰か他の人を求めることがあるとしたら、それはそれで「人生」ってやつだなーと、達観している部分もあります。夫には私のそんな考えを真剣に話したことはないけれど、人生１００年時代に一人の人に一生体も心も捧げるなんていうことは、逆に不自然なのかもしれません。人間は体も心も日々変化する生き物ですから。もしかしたら、夫と私の関係性も、10年後、20年後は変わっているかもしれません。それは誰にもわからないけれど、「そういう可能性もある」と思っていたほうがラクだと思うのです。

これは男の人のほうが感覚的に理解していると思うけれど、性欲と愛情は別ものです。別に愛していなくても好みのタイプであれば抱けるという男の人は多いだろうし、同じ女性と性行為を続けられる男性のほうがむしろレア。男性は遺伝子的に、同じ相手には性的な興味を失うのが普通で、一人の人とセックスし続けられる人は１０００人いたら３人いるかいないかだそうです。そんな１０００分の３の相手を見つけられるほうが難しいので、最近はポリアモリー（関係者全員の同意を得て複数の相手と恋愛関係を持つこと）という言葉も浸透してきているし、今後、世の中的に受け入れられる恋愛の形も変わっていくのかもしれません。恋愛の多様性が認められることは、職業の多様性も認められることにつながり、夫への職業差別も薄くなっていく可能性もあります。

それに、セックスをしないと愛情が保てないわけでもありません。例えば、父親や母親、兄弟姉妹とは、そういうものなしに「愛情」が成立していますし、世の中の夫婦の多くはセックスレスだと思うんですよね。夫に関しても、恋人気分の数年が終わるとお互いに性的な欲は減るはずで、むしろそこからが、お互いに「男女」を過剰に意識しなくて済む「家族愛」の始まりではないかとも思います。

家族は慣れれば大丈夫

子供への性教育

「親がＡＶ男優なんて子供がかわいそうだ」とネットによく書かれています。けれど、私と同様に子供にも、親がこういう仕事をしていることに慣れさせるつもりです。子供の性格や理解力もあるから、細かいことは育てながら考えるけれど、夫の仕事を変に隠したりはしないつもりです。早いうちから、夫の仕事の良い点、悪い点をしっかりと説明したいですね。その過程において、きちんとした性教育も行いたいと思っています。

今の日本の性教育は、性を悪いことと捉えがちで、ちゃんとした性教育を受けている大人がそもそも少ないと思うのです。性的なもの＝淫らと捉えがちなこんな世の中では、そりゃ、ＡＶ男優は差別されますよね。そもそもセックス＝愛の行為と捉えている大人より、後ろめたいものと思っている大人のほうが多いんじゃないでしょうか。そこまででなくても、なんとなく性の話題は「ニヤニヤしながらこっそり喋るもの」な気がします。でも、誰もがその後ろめたい行為の果てに生まれてきたのだから、それを「良くないもの」と考えることは、自己肯定感を低くする原因になります。「お父さん、お母さんがいやらしいことをして生まれてきたんだ！」と思う子供よりも「お父さん、お母さんが愛し合って生まれてきたんだ！」と思える子供が多いほうが幸せですよね。だから、夫とはよく、性教育についても話します。実際に、夫は、ここ最近は正しい性教育を広める活動に力をいれています。間違った性知識のおかげで、性がトラウマになっている大人も多いので、性への認識はまず大人から、そして子供へと時間をかけて変えていかなければいけません。うちの子供はその練習台……といったら、言葉が悪いかもしれないけれど、夫の教育を受けることになるので、性教育に関しては恵まれた環境にいるんじゃないかと思います。

また、他のＡＶ男優さんの話を聞くと、家族がみんな「お父さんがＡＶ男優」という状態に慣れていると聞きます。子供というのは、大人が思っている以上に成熟していて、環境適応能力があるんでしょうね。

ちなみに、彼の元奥さんとの間の娘ちゃんは、小学校高学年ですが、彼の仕事がＡＶ男優だということをもう知っています。けれどそれは単なる事実として受け入れていて、それで、父親を嫌いになるなんてこともないのです。この後、思春期を迎えても、別にそれが原因でグレることはないんじゃないでしょうか。私自身、反抗期が長かったけれど、グレる子供は理由があってもなくてもグレますし……。

ＳＮＳで実名を出して発信しているという意味では我が家は珍しい部類に入るかもしれませんが、ＡＶ女優さんだけで数万人いるのだから、仲間はたくさんいます。私も他のＡＶ男優さんとの食事会に参加した時に「親バレ」ならぬ「子供バレ」の話をいろいろ聞いて、大いに笑いました。割と笑えるエピソードが多いので、うちも悲観的になることはないと思っています。

なので、私は子供に、父親がＡＶ男優であり、母親はブロガーだということに慣れてもらうつもりです。それは、我々の生き様であり、恥ずかしいことでは全くありません。親の職業と子供の人生は関係ありませんから。「それは恥ずかしいことだよ」と教える人はそういう考えを持っているだけです。そんな他人のフィルターで物を見る子には育てません。事実と印象は違うもの。息子には事実をしっかり見て、自分の経験から、何事も判断出来るようになってほしいですね。

うちの家族にも「家族にブロガーがいる」ということに慣れてもらいました。そして今は「家族がＡＶ男優」ということにもすっかり慣れています。

というか、別に、家族であり、そこに愛があれば、仕事や肩書なんてどうでもよくなるんですよね。だって私は母親のことを「専業主婦」、妹のことを「旅行業の会社員」なんて目で見ていませんから。私の目から見た母は、パン作りが好きな、人の好い関西人だし、妹は、寝ることが大好きなおっとり女子です。

相手と近い関係であればあるほど、社会的な肩書は関係なくなります。

肩書や評判を気にする人は、肩書や評判でしかつながれない人です。そしてそれは、決して深い関係ではないのです。

その人の歴史ごと愛したい

プロフェッショナルへの敬意

「旦那さんは結婚しても（子供が生まれても）お仕事をやめないんですか？」と言われることがあります。夫は、世間に後ろめたい仕事をしているわけでもなく、犯罪をおかしているわけでもなく、女遊びをしているわけでもありません。

夫に仕事を「やめないんですか？」と聞いてくる人は、夫の仕事をプロフェッショナルの仕事だと理解していない人たちです。そういう人は、ＡＶ男優という仕事を、勝手に自分の頭の中で作り出したイメージで見ているふしがあります。夫は、プロの「演者」であり、ＡＶ制作の一部分しか担っていません。けれど、ＡＶ男優が悪い仕事だと思っている人は、台本もあるレイプシーンを本物のレイプだと思っていたり、ＡＶ女優さんをスカウトするのは、男優だと思っていたりします。この話は長くなるのでまた改めてするとして、とにかく夫の職業は「仕事」であると理解してもらいがたいんですね。仕事として認めてくれているなら「子供が生まれるなら、ますますお仕事頑張らなくちゃいけませんね」と言われるべきで「やめないんですか？」は偏見に基づいたコメントと言えます。

私は夫の好きなところだけを切り出して、そこだけが欲しいから後は全部捨てて、とは言えません。

そんなことは自分にも出来ないから、自分に出来ないことを相手にやってもらうのは筋が通りません。例えば夫が「俺はお前の、ＳＮＳを仕事にしているところは好きだけれど、炎上するところは気に入らないから、賛否両論が起きるようなことは発言しないで」と言ったらどうでしょう。炎上はそもそも、自分でコントロール出来ないけれど（気をつけていても起きてしまうのです……）、「こういうことは発言していいけど、こういうことはダメ」と言われてしまったら、たぶんどうしていいかわからなくなってしまうと思います。いいところも悪いところもセットで「私」ですから。お互いに一緒に暮らしていく上で歩み寄りは必要だけど、「ここを捨てろ」と一方的に言うことは、相手の人格の否定になります。

読者の方からいただく恋愛相談の中には「彼氏に浮気をされたことがあって、それ以来、ずっと彼のことを信用出来ない」という質問がよくあります。「はあちゅうさんは、どうやって、旦那さんの仕事に耐えているのですか」と。

相手の過去が気に入らない人がたくさんいます。でも、過去なんて戻れないんだから、これからも気にするのか、今後は気にしないのか、自分で選ばなくっちゃいけません。

信用出来ない行動を過去にしたのは彼でも、それを「彼を信用出来ない」という理由にし続けているのは自分。自分の過去も他人の過去も変えられません。他人の気持ちや行動も。変えられるのは自分の今と気持ちだけなのだから「彼を疑い続ける」という選択肢を取るか、「彼の過去の行為を忘れて、新たな関係を一緒に築く」という選択肢を取るか決めるのも自分です。相手が悪いと思い続けて、悲劇のヒロインになるのはやめる。浮気をされたら、「彼とこの先も一緒にいたいか」「ここで縁を切るか」を考える。それで、そっちの方向に動くしかないんです。もちろん、心はそんな簡単に整理出来ないけれど、悩み続けたところで何も変わらないのだから、自分が行きたい方向はどちらかをまずは考えたいですね。

私のケースに置き換えれば、私には「ＡＶ男優の彼と付き合えるか」という選択がありました。そして、私の結論は「付き合う」だったんです。

彼と一緒にいてつらいことよりも、彼といて、楽しく幸せなことのほうが多かったです。だから、「彼と一生会わない」ことよりも、「彼と一緒に生きていく」ことを選びました。選んだのは自分なのだから、彼の仕事を変えてほしいとは考えるべきでなくて、「ＡＶ男優のままの彼と付き合う方法」を考えるしかありません。

夫はコミュニケーション能力が高く、私が、たまに言葉に出来ない気持ちを抱えていると「こういうことが言いたいの？」と気持ちを言い当ててくれます。その他にも「こんな風にしてほしいな」と思うことを察してくれたりも。彼のその能力は、長年のＡＶ現場での経験から身についたものだと思うのです。

誰もがどこから見てもセーフな人間のはずがない

視点が違えば

とある友人は、水着グラビアをやっていたという理由で、いわゆる「いいおうち」の人に結婚を断られました。私なんて何度もネットで炎上しているから、もっとアウトでしょうね。ネットを検索して出てくるものの中には、後悔している行為や発言も多いです。18歳からブログでの発信を続けているのですが、特に若いうちは、発言の及ぼす影響や自分がどう見えるかなんて何も考えずに、ブログを自分の感情のはけ口として使っていたこともあります。少し名が売れてからは、巧妙に事実を歪めたデマや誹謗中傷も多いです。でも、消したいと思っても消せないんですよね。

イベントに行けば、はあちゅうさんが憧れですと言ってくれる優しい人が集まってくれて、「好きなことを仕事にしている人」として、雑誌の取材依頼が来ます。けれどネットの一部の人からしたら私は「何で稼いでいるかわからない胡散臭い女」だろうし、お堅い職業の人から見たら、「自分の人生をコンテンツにするなんて、はしたない生き方」と思われることでしょう。一人の人間は、見る視点を変えればいい人にも悪い人にもなるし、価値の高い人にも低い人にもなり得ます。

　私が夫と付き合って、びっくりしたのは、ＡＶ業界での彼の活躍です。街を歩けば若い人から「しみけんさん！」と声をかけられ、サインと写真をねだられ、「しみけんさんのおかげで、セックスって愛があるものなんだとわかりました」と感謝されています。

　私が元々いた場所では、「ＡＶ男優と付き合っている」と言うと、「そんな人と付き合って大丈夫？」「薬物とかやってない？」と心配されました。

　でも、私は彼と付き合っている中で、彼を尊敬していたり、感謝していたりする人をたくさん見て、「私の彼は最高」と思えるようになったんです。

　今でも世の中には、「ＡＶ男優と付き合うなんて」と思う人は大勢いるでしょう。「友達にいるのは大丈夫だけど、家族の中にいるのは無理」と言う人もいると思います（実際に私が面と向かって言われた言葉です）。

でも、ＡＶ制作従事者はみんなが思っている以上にたくさんいます。女優さん、男優さんなど演者だけではなく、ＡＶ監督をしている人や、ＡＶメーカーで働いている人の中には、家族に仕事をちゃんと明かしていない人も多いのです。家族には偽の会社名を言ったり芸名を使ったり。

私のところには以前「結婚して5年後に、主人がＡＶ監督だと知りました」なんてメールが来たこともあります。今、私や彼のことを、得意げに批判している人のお母さんや妹が実はＡＶに出ているなんてことも、全然あり得ると思うんですよね。その時、その人は、私や夫に投げかける、強い批判の言葉を実の家族にも言えるでしょうか。「汚れている」「まともな人がやる仕事ではない」「死んだほうがマシ」「日本の恥」「子供を産む資格なんてない」「子供が犯罪者になる」……。

たぶん、言えないと思います。

それにしても、やっぱりしんどいことは、今でもたまにあります。アンチの人たちの偏見や攻撃だけでなく、理解し、認めてくれている人の中にさえ、無意識な偏見があって、それらにどれほど傷ついてきたでしょうか。

都会的な人は、私たちのような「事実婚」「職業がＡＶ男優」という人間の存在も認めることが、世の中の流れであると思っています。ＬＧＢＴＱを受け入れよう、というのと同じで、世の中が多様な性質を受け入れているから、受け入れるのが当然だよね、と。そうでないと「不寛容」のレッテルを貼られてしまうから。つまり空気を読んでいるというか、認めることがファッションだからしぶしぶ認めているだけであって、心の底では拒否しているんだな、と感じてしまうことがあるのです。

「認めてあげている」と思っている方は、「認めてあげてるんだから、こちらが疑問に思うことに関して、相手は言葉を尽くして答えるのが当然」という態度でこちらに接します。だから、一見理解者風の人たちからも不躾な質問をもらいます。

　みんなが質問の最初に必ずつける言葉は「素朴な疑問」。

「私はアンチではないし、その考えを責めるとかじゃなくて、素朴な疑問なんですけど、旦那さんがＡＶ男優って、つらくないですか？」

　不躾な質問は「素朴な疑問」と言い換えられ、イベントや飲み会などで、突然インタビューが始まることがあります。

「旦那さんの仕事に関してはどう思っているんですか？　平気なんですか？」

「旦那さんの作品は見たことがありますか？　どんなお気持ちで見ているんですか？」
「プライベートのセックスと作品のセックスは何が違うんですか？」

こんな質問に答えるたびに、私はみんなの仲間でいさせてもらうために、たくさんの説明をしなくちゃいけないんだな、と思わされました。何度も答えていると、質問に答えているというよりも、言い訳を頑張っているみたいな気持ちになってきます。「皆さんの理解の及ばない範囲の生き方で申し訳ありません。これから、私の選んだ生き方の背景をご説明させていただきます」と。

某新聞社の方から妊活のインタビューを受けている時には、あまりに不遠慮な質問に頭にきて、その場で席を立って帰ろうかと思いました。そのインタビュー記事はお蔵入りになりましたが、未だに脳裏によみがえってくる苦い経験です。

ツイッターのフォローをゼロにして起きた変化

他人フィルター

ここ数年ツイッターの治安がとても悪くなってきました。「こんなことで、炎上するの？」と思うようなことで、芸能人やネット有名人が代わる代わる叩かれていて、見ているだけでつらいこともあります。そして、当然、ネットが主戦場である私も、炎上と無関係には生きられないのですが、結婚後からツイッターにすごく疲れていたので、妊娠前〜初期の間に、思い切ってフォローをゼロにしました。実際は、自分の書籍の宣伝アカウントと夫をフォローしているので完全にゼロではないのですが、タイムラインに知り合いが現れなくなりました。そのおかげで私は、自分がいかに「人の評判」に振り回されていたか、気づけたのです。そのことは、自分の中では大きな変化だったので、妊娠・出産に関わる変化の一部として、この本にも少し書いておきたいと思います。

今よりもまだ知名度が低かった頃、ある飲み会で、すごく嫌な目に遭いました。その時、その場に居合わせたそこそこの知名度がある人たち……テレビや雑誌で、「世界を変える」「時代の寵児」なんて言葉と共に扱われている人たちが、誰一人として止めにはいらず、見て見ぬふりをしていました。大きなショックを受け、もう、あそこにいた人とは、二度と会えないと思ったけれど、翌日、彼らからは、何事もなかったかのようなメッセージが来ました。そして、私も、「そういうものなのかな……」と自分に思い込ませ「お酒の場での出来事だから仕方ないのかも」と何もなかったかのように振る舞いました。そして、そのまま、彼らとの関係は続き、その後もＳＮＳでフォローし合い、一緒にイベントで登壇したこともあります。

私は私の心にフタをしながら、「なんでもないフリ」をし続けました。そのほうがラクで賢明だと思ったからです。大げさに騒ぎ立てて人間関係を壊すと、損しかありません。みんな、表では人望があり、評判がいいから。だけど、何年たってもあの時の傷口は塞がりません。一昨年（２０１８年）の冬、いろんなことが重なって気持ちが弱り、塞ぎがちになった時、もう何年も前のその記憶が毎晩フラッシュバックするようになりました。その時に初めて「なんで私は、仲良くない人、見ると自分が傷ついてしまう相手の発言や行動を逐一自分から見てるんだろう？」と思ったんです。その理由は、相手が著名人でフォロワーが多かったり、世の中的に立派な人だと思われているからです。そして私も、「他人フィルター」に影響されて、好き嫌いではなく損得でその人たちと、日々交流していたのでした。

人が人をどう思っているかをある程度シャットアウトしたら、自分の「好き嫌い」で人と付き合えるようになりました。ツイッターの滞在時間はだんだんと短くなって、今はほぼ、発信オンリーで使うことにしています。

ＳＮＳの使い方は、日々、アップデートしています。ツイッターは、もう10年以上使っているけれど、初期の牧歌的な雰囲気から、今はちょっとピリピリしたムードに変わっていると思います。一人の人が複数のアカウントを作りやすいことから、アンチコメントをたくさん書き込んだり、デマを広げたりしやすい場所にもなってしまいました。ツールだけでなく、私自身の変化もあります。フォロワー数が増えたことによって、何気なくつぶやいたことがニュースになったり、背景を十分に調べないままにつぶやいたことや、感情的になった時のとっさの発言が思わぬ波紋を呼んでしまうことも、ここ数年、何度かありました。

インスタグラムは、初期は加工フィルター、日常の記録のように使っている人が多かったところから、「インスタ映え」という言葉が広がって、フォトジェニックな写真が好まれる環境になり、そこから、お役立ち系や漫画・イラストなど「映え」とは違う人気コンテンツが生まれているのが今。ツールも、その場所の雰囲気もどんどん変わっていくから、その時その時に、意識の軸を置くところを変えながら、柔軟に使っていきたいと思います。そして、SNSを使う上では常に「他人フィルター」に自分が振り回されていないか考えたいですね。

「母の顔になっている」に覚える違和感

誰かを傷つける言葉

子供を授かり、出産予定であることを公表してから、オンラインでもオフラインでも「お母さんの顔になっていますね」「優しくなった」などと言われるようになりました。その言葉を発している人たちの心には善意しかないと思うけれど「ありがとう」と受け止めながら「お母さんになったら、顔が優しくなる＝子供を産まなければ優しい顔にならない、と誰かを傷つけていないだろうか」とも思います。考えすぎでしょうか。

長年ＳＮＳで自分の人生をオープンに出してきたことで、全方位に対して優しい言葉なんてない、と思っているのです。

例えば、自虐のつもりで「もう30代なんで……」と言うことは、その発言を聞く同世代やそれ以上の年齢の人を傷つけます。

以前、とあるお笑い芸人さんのラジオに出た時に、夫の仕事の話になり、その方が「普段、子供が『あの人のお父さん、お医者さんなんだって』とか『社長なんだって』と言うと、つい『すごいなぁ』と言ってしまいそうになる。でも、お医者さん＝すごいという概念を子供に植え付けたら、それ以外の職業の人は、一段下がるのか。すごくないのか、という話になってくる」と言っていました。

職業に貴賤はないはずなのに、普段の何気ない一言で、世の中にはすごい人とすごくない人がいる、いい職業と悪い職業がある、となってしまうんです。誰かを褒めることは誰かを褒めないことになるんですよね。

善意のつもりの、誰も傷つけるつもりのなかったことが思いがけず、誰かを傷つけてしまう経験を、何度もしてきました。

例えば、イベントで参加者の方にいただいたプレゼントをインスタに載せると、載った人は「使ってくれてありがとうございます！」と言ってくれる。でも、そのやりとりを見て、他にもプレゼントをくれた人が「私のあげたものは使ってくれてないの？　載せてくれないの？」と傷つくかもしれません。

炎上でもよくあるパターンだけど、何かについて話す時、その反対の立場の人は、自分が否定された気になってしまうのです。私も以前「専業主婦でも、外でお金を稼ぐ能力を持っていたほうがいい」という発言で、ファンの人から「専業主婦を認めないんですね」と嫌われてしまいました。

妊娠・出産にまつわる痛みや、知らなかったことの発信も、「リアル」だと受け止めてくれる人もいれば「愚痴」と取る人もいます。

ちなみに、専業主婦を認めていないわけではありません。ただ、私の母は長年専業主婦をした結果、経済的な理由で、相性が最悪すぎる父と長年離婚出来ませんでした。そんな母を間近で見てきたからこそ、「主婦という肩書が世の中でいかに弱いか」ということが身にしみています。

経済的にパートナーに依存しすぎると、自分の人生なのに、自分に意思決定権がなくなってしまうのです。何かの時に、取れる選択肢が限られる。たとえ夫婦円満であっても、夫がいつ病気や事故にあうとも限らない。お金がある程度稼げることは、外で働くパートナーの苦労を理解することにもつながるし、パートナーの身に何かあった時やパートナーとの関係が危うくなってきた時に、お金ベースで物を考えなくて済む。自分の自由を確保するためには、経済的にある程度、強い必要があります。

ＳＮＳで妊娠・出産を発信するということ

少しだけ
アドバイス

妊娠中・子育て中にＳＮＳ発信してる人がフォロワーの多い少ないにかかわらず、消耗している話をよく聞きます。コメントするほうにとってはアドバイスのつもりでも、何気ない投稿に、たくさんの指摘が入ると、妊婦さんに息苦しさを感じさせてしまうかもしれません。なので、アドバイスはぜひ優しい言葉を選んで言ってあげてください。そして発信する側の人は、否定的なコメントを見ると、「私の発信が悪いのかな……？」と思ってしまうかもしれません。けれど、私の知る限り、ＳＮＳをしている妊婦さんには同じような指摘コメントが来ているものです。だから、この項目は、誰かの気持ちをラクにできたら、と思って書きました。「こんなつっこまれパターンがあるよ！」というのを知れば、

「私だけに来てるんじゃないんだ……！」とちょっと心が軽くなる人もいるかもしれませんし、「こういうことに気をつけよう」とストレスを未然に防げるかもしれません。以下、私の周りで見聞きしたつっこまれポイントです。

○ 妊娠中

ご飯……バランス悪い、栄養が足りない、糖分が多い、ジャンクフード食べちゃダメ、アイスは体を冷やす、生もの食べすぎ、カフェインとらないほうがいい、ハーブティーの成分を調べたほうがいい、食べすぎ、食べなすぎ。

美容……妊娠中は髪の毛染めちゃダメ、ネイル、まつエクはダメ（これらに関しては実際、出産直前はＮＧです。ネイルは爪の色で体調を見るからＮＧ、まつエクは、目の中に落ちて目を傷つける可能性があるからという理由で私の産院ではＮＧでした）。

それからマタ旅（妊娠中の旅行）は賛否がありますね。海外に行くとコメント欄は確実に荒れますし、私も、オススメはできません。エコー写真やマタニティフォトには「浮かれすぎ」「見たくない」「不妊治療中の人の気持ちを考えたほうがいい」などの指摘があることも。

○出産後

授乳……母乳で育てるべき、授乳中に○○食べて大丈夫ですか。

離乳食……そんなの食べさせて平気ですか、切り方が大きいんじゃないですか。

それから、子供の顔出しに関しても、あれこれ意見があります。

先日、子育てユーチューバーさんの動画を見ていたら「子供を飯のタネにしている」「こんな風に顔出しさせて子供がかわいそう」などのコメントがついていましたが、私自身もたまに言われる言葉です。子供の顔は子供のプライバシーとして、隠す人も多いですよね。これはもう、それぞれの家の自由で、他人が口出しすることではないと思います。

私は、友人がSNSにアップしないと決めている場合はスタンプで隠すなど相手に合わせていますが、自分の子供はある時期までは顔出ししていく方針です。

その他には、

・アクセサリーは子供に接する時に外すべき、髪はまとめるべき、外食しすぎ、（家事代行を使っている人に）家事くらい自分でやれ。

……などなど。アドバイスのつもりで、善意からのものもあると思うけれど、毎日積み重なると、行動を監視され、息苦しい気持ちになる人もいるだろうし（そうでなくても、ポジティブなコメントよりネガティブなコメントのほうが心に残りやすいですし）、気持ちが暗い時にこういうことを言われすぎると「母親失格かも……」と相手が追い込まれてしまうので、コメントする時は、表現に気をつけたいですね。それから、こういうことは女性ばっかりが言われるから男性や周囲でサポートする人にもこういうことを気をつけなくちゃいけない＆ＳＮＳ発信ではこんなストレスがあるってことが伝わればな、と！　特に妊娠中・産後は、心がデリケートになっているので、普段はなんでもないような言葉に傷ついて落ち込んでしまうことも多いのです。

人に10回連続で言われた時にネガティブなニュアンスになることは、言わないほうがいい、という記事を以前書いたことがあります。例えば「なんで彼氏いないの？」「なんで結婚しないの？」などの言葉は発する本人にとっては、何気ない疑問や会話の糸口のつもりかもしれないけれど、10人の人から「なんで結婚しないの？」と言われたほうからすると、否定的ニュアンスを感じてもおかしくありません。以前、小顔の友人が、初対面の人に必ず「顔が小さいですね」と言われるけれど、あまりに言われるから、最近は「体形が異常ですね」と言われている気持ちになる、と言っていました。言っている人にとっては褒め言葉でも、何度も受け取り続けるとちょっと複雑、という例です（ちなみに小顔のその子は、どんな帽子も合わないという悩みを持っているそうです。小顔には小顔の悩みがあるんですね）。

ギリギリの出産準備

臨月、
そして出産

臨月……。この時期はとてもつらかったです。何がかと言うと、お腹の重さが。実質胎児は3キロ程度なのに胸の付け根まで、ぱんぱんに何かが詰まっているという感じで、動くのがしんどい！　ちょっと歩くとすぐに、足が痛くなっていました。そして、眠りつわり再び、という感じで、よく眠っていましたね。それから相変わらず、我が子に蹴られる右のあばらが痛くて痛くて。でも、もうすぐ我が子に会えるんだと思うと、なんだかいてもたってもいられないようなソワソワした嬉しさもありました。一体どんな顔をしているんだろう、無事に生まれてきてくれるだろうか、今はどんなことを考えているんだろう……。そんな風に、いよいよお腹の中にいるのは、「我が子」なのだと実感が高まってくるのです。

お腹も、胸も大きくなってくるので、体を折り曲げると、お腹と胸がぴたっとくっつくのが面白かったですね。胸の下に汗をかくのも人生で味わったことのない感覚だったので、胸の大きな人の日常を疑似体験できて、面白かったです。

地味につらかったのが、お腹が大きすぎて足に手が届かないことや、足元が見えないこと。無理やり体を曲げて、足に触ろうとすると、ぎゅっとお腹が縮んで痛くなります。お腹の大きさに慣れていないせいで、お腹をテーブルの角などにぶつけることもよくありました。

それと、体内で、血が多くなることもあって、動悸が激しく、よく息切れも起こしました。

臨月になると、これまで2週間に1回だった産院通いが1週間に1回になり、お腹の周りに器具をつけて胎児の心拍などを測る「ノンストレステスト」というものを受けるようになりました。また、これまではお腹の上からエコーで胎児を見るだけでしたが、子宮口の開き具合を見るために内診も始まり、いよいよ感は高まるばかり。私は計画無痛分娩を選んだので、この頃に入院日を決めました。計画無痛の場合は、予定日よりも10日から1

週間くらい早めの日を、入院・出産日にする産院が多いようです（あくまで、知人への聞き込みによる肌感覚で、データがあるわけではありませんが）。

予定日が近づけば近づくほど、いつ出てきてもおかしくないので、妊娠アプリでは「いつ破水してもよいように、タオルと生理用品を持ち歩きましょう」なんてメッセージが出てきます。外出先でうっかり破水したら怖いなと思い、念のため、この頃に陣痛タクシーを登録しました。

それから、やっとお尻に火がつき、これまで後回しにしていた入院準備や、子育てに必要なものを買い始めました。お台場の西松屋へ行き、哺乳瓶、消毒セット（ミルトン）、沐《もく》浴《よく》用のたらいなどを買ったのですが……これがまぁ大変。哺乳瓶一つとっても、サイズもブランドもいろいろあるわけで、これが今までの人生で一度も経験したことのない、手がかりのない買い物なのです。哺乳瓶の消毒にしても、お水に錠剤をいれてつけ込むタイプもあれば、電子レンジでチンするタイプもある。いったい何が良いのか、メジャーなものがどれなのかとんとわからず、不思議の国に迷い込んだようでした。初めてお化粧品を買った時のことを思い出しましたね。ファンデーションは固形と液体のどっちを買ったらよいのか、下地やコンシーラーはいつつけるのか、どのブランドの何が良いのかさっぱりわからなかったあの頃。でも、女性誌やネット記事を読み込み、実践と失敗を繰り返しながら、お気に入りのコスメたちに出会っていったわけです。今も、新しいコスメをことあるごとに試して、アップデートを重ねているけれど、子育てに関しても、「これ買わなくてよかった」とか「これを買ってよかった」と、繰り返しながら学んでいくんだろうなーと思いました。

無痛分娩のリアルタイム記録

前日〜出産の日記

計画無痛分娩だったため、出産予定日の前日から入院して、出産を迎えました。計画無痛分娩の場合、陣痛が来てしまうと「無痛」に移行出来なかったりなど、病院側の受け入れ態勢も整えられないという理由で、予定日より少し前に入院日を設定することが多いようです。

以下は、出産前日からリアルタイムで携帯のメモに書いていた私の日記なので、無痛分娩の流れの参考になれば嬉しいです。

○9月18日（出産前日）

14時30分……産院到着。入院手続き。病室は第1希望の一番広いお部屋を使えることになった。ここだと家族がゆったりと過ごせる。その分費用は高いけれど、一生に何回かしかないことだから、ここは贅沢したい。病室の説明が終わった後、産科のお医者さんが来て、ノンストレステストと内診。それから、子宮口を開くためのバルーンをいれてくれた。アレルギーについても聞かれる。数年前から花粉症がひどくなり、さくらんぼ、なし、パイナップル、もも、キウイのアレルギーを発症してしまったことを伝えると、フルーツのアレルギーはラテックスアレルギーとも関連づけられるから、気をつけますねと言われた。

17時すぎに、けんちゃん（夫）が夕食を買いに出かける。付添の人のご飯は、病院では用意できないとのこと。けんちゃんが張り切って、高級なお惣菜を７０００円分買ってきて、病室がパーティー会場みたいになった。私は病院食があるけれど、けんちゃんのご飯が美味しそうだったので、美味しそうなものを全部味見させてもらった。お産は体力が必要なので、入院中は妊娠糖尿病を気にせず、食べたいものをしっかり食べていいと内科の先生からもお墨付きをもらう。なので、デザートもしっかり食べた。

　翌日は、朝の7時までに病院で準備してくれているお産用のピンクのお洋服、ピンクのパンツ、お産パッドのLサイズを身に着けて待つように言われる。もしシャワーを浴びたいならその前にとのこと。妊娠中は起きるのが9時以降だったから、久々の早起きで、起きられるか心配。

23時24分……とりあえずベッドに横になる。興奮して眠れない人も多いらしく、助産師さんからもらった入眠剤を飲む。どれくらい効果があるんだろう。

けんちゃんの娘ちゃんが「明日ですね！　頑張ってください」とメッセージをくれた。家族ともライン。

　お股に入っているバルーンよりも、昨日、歩きすぎて「かかと」が痛い。妊婦とお年寄りは、無理に歩いたらダメだという教訓を得た。足の痛みが結構ひどい。お腹の中では息子が、明日生まれることも知らずに動いていて、可愛い（けれど、息子が蹴ってくるあばらは痛い）。

24時……アラーム再確認。就寝。

○9月19日（出産当日）

4時……一度起きてトイレへ。お股に入っているバルーンのせいで、歩くのがつらい。生理の時のような出血あり。

6時30分……アラームで起床。パンツに血がついていた。病院が準備してくれたピンクのお洋服に着替える。

7時6分……NST（ノンストレステスト）開始。一反木綿のような、お産パッドLサイズをお股につける。お産によって死ぬ想像を頭の中で繰り返ししてしまう。とはいえ、助産師さんに聞いたら、これまでにこの病院で、大きな事故や死亡例はないそう。

7時30分……看護師さんの内診でバルーンを抜いてもらう。ピンク色のバルーンがお股から出てきた。これが抜けたら子宮口が3センチ開いているとのこと。

7時40分……看護師さんが来て、点滴を左腕に刺そうとするけど、失敗。血管がうまく出てなかったのかな？　利き手の右腕に刺しなおすけど、余裕で動かせるので、スマホでこうやって日記をつけてる。2種類の点滴を打つらしい。一つは陣痛促進剤。もう一つは、お産が終わるまで、ご飯が食べられないので、ポカリスエットみたいなやつだって。この後、麻酔科の先生が来て、ポカリスエットみたいなほうの点滴が始まる。

8時……陣痛促進剤の点滴が始まる。もう一回針を刺すのかと思ったら、さっき刺したのと同じ穴からいれるらしくて、よかった！　お腹が減った。あと、産科の先生が来て、赤ちゃんを包んでいる「らんまく」を何かの器具で破いた。自然に破けるものだけど、これを人工的に破くとお産が進むらしい。陣痛促進剤は入れる量を30分ごとに増やすそう。そうすると、お腹のハリの感覚が短くなっていくらしい。生理痛のような痛みがあるかもとのこと。

8時45分……点滴の間、暇なので、ネットサーフィンとツイッターをしてた。有名ＩＴ企業の社員が、匿名アカウントで在日韓国人の方に暴言を吐いていて会社から処分を受けたというニュースなどを読んだ。

8時53分……お股にあたたかいものが漏れた感触（尿ではない）。これがたぶん羊水なのだと思う。本で読んでいたような「動物園のようなにおい」はしない（妊娠中に読んだ本に羊水は、動物園のようなにおいがすると書いてあった）。

もしかしたら、そんなに大量に出ていないせいもあるかも。一反木綿のようなお産パッドが全部受け止めてくれた。あと、陣痛促進剤の量が増えて（最初12ml／hから始まり、今24ml／h）じわじわお腹が痛い。生理痛の軽いバージョン。私は生理痛が重いので、痛さ的にはまだまだ耐えられる。

点滴で動けないので、枕元に水を用意しておいてよかった。ブログのコメント欄で教えてもらった、１００均の曲がるチューブストローがここで役立つはずだったけれど、なぜかサイズが合わず……。どうやら５００ミリリットルペットボトルにしかはまらないらしい。けんちゃんが前日購入してくれた水はすべてアウトだった。最近のペットボトルは５５５ミリリットルだったり、６００ミリリットルだったりお得だけれど、お産には向かないという地味な教訓を得る。

9時40分……お産用の、スマホや充電器が入ったバッグとペットボトルのお水を持ってLDRに移動。LDRはLabor（陣痛）、Delivery（分娩）、Recovery（回復）を略した言葉で、お産と産後の処置をここでするそう。だんだんお腹が痛くなってきたけど、子供が朝から右のあばら骨を蹴りまくるので、そっちのほうが痛い。一人なのに「痛い……」と声が出てしまう。けんちゃんから、「快晴だよ！」と空の写真と、「何着て行こう？」と洋服の相談が送られてくる。お産中にアロマをたいてくれるらしく、何種類かのアロマの中から、選ばせてもらった。お産がすすむというラベンダーにしてもらった。

10時2分……血圧を測る。子宮口は4センチ開いていて順調らしい。もうすぐ麻酔。たまにお腹に痛みがくる。もうこれだけで痛い。ずっと「普通分娩はどれだけ痛いんだろう」と考えてしまう。看護師さんが二人がかりで頑張ってと言ってくれて、天使みたい。この間もずっとスマホは触れる。

10時7分……お産終わったら何食べようか考えてる。うう〜って唸ってる。痛い。

10時37分……背中に麻酔を入れた。痛すぎた。唸りまくるし、歯は食いしばるし、腰が砕けそうな痛み。背中、お腹、あばらに次々に打撃を受けてる感覚。歯をかなり強く食いしばっているので、顔中がしわくちゃになる。息をしっかり吸うと赤ちゃんに酸素がいくらしく、しっかり呼吸してくださいと言われる。

助産師さんに大げさな人だと思われていないかな、なんてことも頭をよぎるけど、誰にどう思われるかなんて一瞬でぶっとぶほど痛かった。もうこの後の人生で二度と痛い思いはしたくない。そして、麻酔の副作用で足が冷たい。靴下を持ってきてよかった。助産師さんに履かせてもらう。「いったー！」と「うー！」を交互に叫ぶ。無痛とかいって痛いじゃん、と誰かに伝えたいんだけど、そんな余裕もない。

10時42分……少し痛みが落ち着いてきて、自分の痛い声を録音する余裕が出た。痛くて「うー」と言っているところを念のために録音しておいた。公開するつもりはないけど、いつか息子に「こんなに痛かったよ」と言う時に役に立つかもしれない、そうすれば反抗期もグレないで済むかな……そんなことを考えた。

10時44分……痛みが少し落ち着き、これが痛みマックスですと言われて安心する。昔見た映画の、戦争中に麻酔なしで腕を切るシーンを思い出す。あれに比べれば！　と思う。

10時50分……けんちゃんが、山登りに行くような大荷物で来て、嬉しくて号泣する。家にあった猿のぬいぐるみも持ってきてくれた。麻酔が自分で足せる機械が隣にある。1秒押すと麻酔が足されるそうで、痛くなってきたら自分で押してね、と言われる。麻酔の副作用で足がものすごく冷たい。かゆみが出ることもあるそう。

11時20分……子宮口5センチ。10センチで生まれるそう。

11時27分……内診。今まで、内診は毎回痛かったけれど麻酔がきいているせいで、もう何も感じない。くすぐったいような感覚。麻酔の副作用が出てきて、胸とワキがかゆい。私が感じたものすごい痛みは、陣痛の初期の痛みらしい。これを何時間も味わう普通分娩のことを思うと気が遠くなるので、もっと多くの妊婦さんが無痛分娩を選択できる世の中になってほしい。痛いのつらすぎる。これも麻酔の作用なのか眠くなってきた。

11時49分……少し眠気。ハンカチを目元に当てて、寝る。部屋を暗くもできるけど、けんちゃんが横で本を読めるように。

12時30分……カテーテルで尿をとった。膀胱に水が入ってると、赤ちゃんが下りてきにくくなるそう。下半身はもうなんの感覚もない。けんちゃんがアマゾンで子育ての本をたくさん買って、「明日届く」と嬉しそう。麻酔で体がポカポカしてきて、眠くて幸せ。もし、安楽死する時にこんな感じに幸せな気持ちで死ねるなら、安楽死したい、とかそんなことを思う。うっとりするような気分。

12時34分……けんちゃんが病室でストレッチをしていて、助産師さんに「何をされているんですか?」と笑われていた。けんちゃんはいつでもどこでもマイペースだ。麻酔前はお腹が減っていたけれど、もうお腹が減った感覚はない。

13時4分……お産まで、幸せなヒマ時間が続く。めぐりズムを持ってきて本当に良かった！　テレビもあるけど、特に使わず。ＤＶＤとかを見る人もいるらしい。めぐりズムは箱ごと持ってきてもらった。あと数時間で我が子に対面できるなんて夢みたい。でも、まだ子供が生まれる実感がない。けんちゃんが育児の本を音読してくれる。子供が2歳になったら三軒茶屋に住もう、とか突然言い出して、家賃とか調べてた。

13時10分……赤ちゃんが下がってくる感覚があれば、助産師さんに教えるように言われる。赤ちゃんが下がってくる感覚って、人生初なんだけど、わかるだろうか……！

13時18分……赤ちゃんが下がってくるのをひたすら待ってる。けんちゃんは隣で本を読んでる。たまに「プロブレムってどういう意味？」とか聞いてくる。英語に弱すぎて可愛い。私は、iPhoneのカメラロールが７４００枚になってしまったので思い出をふりかえりながら写真整理を。

15時前後……急にお産になり、いきみ始めた。しっかり吐いて！　しっかり吸って！　とお医者さんたちに言われるけれど、吸うのも吐くのもいきむのも、うまく出来ている自信がない。どうやらうまくいきめていないのと、骨盤が狭いということで、赤ちゃんの心音が弱り始めて、鉗子《かんし》分娩になる（後から聞いたら、鉗子分娩は技術のあるベテランの先生しか出来ないらしい）。

15時14分……息子誕生！　弱っていたせいで産声は上げず、待機していた小児科の先生たちが、何やら処置をしてくれたら、「えっ、えっ」と泣き始めた。これが息子の声？　もっと聞かせて！　と思った。息子が処置をされている間、私は、切開された会陰を縫合され、バースプランで希望した通り、息子と私をつないでいた胎盤を見せてもらい、けんちゃんと息子と私の3人で写真を何枚か撮った。息子は引っ張り出されたので、コーンヘッズのように長い頭をしていたけれど、ちゃんと戻りますと言われた。それから、鉗子分娩の痕（大きなクリップのようなもので、ぐわっと摑まれた痕）もしっかりと残っていた。頭の皮がずるんとむけてしまったらしく、頭も血だらけなのだけれど「これもすぐ治ります」と説明を受けた。この後しばらくして、病室に戻る。

17時43分……起きる。熟睡したかと思ったけど30分くらいだったらしい。上半身が麻酔の副作用でかゆすぎるのでムヒを塗ってもいいか聞いてから塗った。

ムヒがなかったらつらかったので、「ナイス自分！」と自分を褒めたくなった。持ってきてよかった。

18時……お尻にいれる痛み止め（座薬）をいれてもらった。子宮の中に残った胎盤と血が出続ける「悪露《おろ》」は1ヶ月くらい続くらしい。

18時7分……腰が砕けそうに痛いと思ったけれど、腰の痛みだと思っていたものはどうやら会陰切開の痛みらしい。

18時15分……夕食。全然食べられない。具合が悪い。息子が病室に運ばれてくる。頼りなげ。さっき生まれたばっかりだもんね。初めてお乳をあげたけれど、何も出ない。このまま母乳が出なかったら、困るなーとぼんやり思う。絶対に母乳で育てたいわけではないけれど出ないのは悲しい。むくみがやばすぎるのに、面会が多くて、恥ずかしい。

（日記はここまで）

※母乳は数日かけてだんだんにじむようになり、退院の日にようやくちょっと出ました。

出産直後

想像を超えた痛みも一瞬で忘れた

産後、数週間は体のあちこちが痛かったです。会陰切開の患部は、ぷくぷくと腫れているし、腰の骨はガタガタするし。

ただ、「そういうものだろう」という覚悟はあったので「これが、みんなが言ってる痛みね……」と、噂話を確かめるような、面白がっているような余裕も気持ちのどこかにあった気がします。出産している女性が、個人差はあれど、この痛みを乗り越えたと思うと、皆でハグをして称え合いたいような気持ちになりました。

痛いのは会陰だけかと思いきや、後陣痛と呼ばれる子宮が収縮する痛みもありました。

そして、おっぱいを出そうとする胸がガチガチになり熱を持ち、信じられないほど痛かったです。今までの人生で「胸が痛む」という経験がなかったですし、そもそも「痛む」という話自体をそこまで聞いたことがなかったので「え、こんなに痛いの？」と驚きました。しかも、そこまで痛いのにもかかわらず、母乳なんて全然出ないんですよ。出る人は苦労なくピューッと出るらしいのですが、こうすれば出るようになると言われ、何も出ない乳首を無理やり息子に吸わせました。すると、不思議なことに、息子に乳首を吸われるたびに、連動して下腹部に生理痛のような痛みが来るのです。助産師さんによると、この痛みもまた子宮が伸縮しようとしている痛みで、母乳を出せば体の戻りも早いとのこと。戻るのは嬉しいのですが戻る時も痛いのね……と脱力しました。

　子供が生まれたことがネットニュースになると、思いの外、会いに行きたいと言ってくれる人が多く、一日に数組の友人が産院に来てくれました。体は疲れていましたが、人が来ると気持ちが少しシャンとするし、寝ながらじっと痛みに耐えているよりは楽しく過ごせたと思います。入院中の過ごし方は産院にもよると思いますが、私の入院した病院では、沐浴指導や母乳指導のほかは自由時間で、午後になると面会がオッケーでした。息子は夜にナースステーションに預けられ、1泊だけ母子同室。この母子同室の日、母乳を出そうと変化中の胸がものすごく痛くて、泣きながら授乳しました。

がら耐えました。また、筋肉などにもダメージがあるせいで、出産日とその翌日は自力で排尿が出来ず、助産師さんにカテーテルをいれてもらって排尿しました。入院期間は診察、授乳、オムツ交換、食事、面会、睡眠をひたすら繰り返しているうちに過ぎていきましたね。1日で排尿機能は戻りましたが、お股からは絶えず血が出ていて、間違いなく、人生で一番重症の期間でした。

退院日を迎えた朝、家に帰る準備をしていたら、小児科医の先生が病室に来られて、息子が黄疸《おうだん》であることと、退院が延びることを伝えられました。朝の検診での数値がよくなかったので、今日1日光線治療をして、1日様子を見て、最短で明後日、症状によってはもう数日、入院して治療しなければならないとのこと。

冷静な頭で考えれば、黄疸なんて命に別状のない症状ですし、たった数日退院が延びるなんて、会うまでに10ヶ月待ったことを考えれば大したことないんですよね。でも、「今日退院するんだ！　一緒に家に帰るんだ！」という気持ちでスーツケースに荷物を詰めていた矢先だったので、思いっきり泣いてしまって。それにたった数日で、もう隣にいないことが考えられないくらい息子の存在が大きくなっていたんです。退院手続きのために、産院に来た母と夫に、今日退院出来なくなったことを告げる時、改めて涙がこみ上げてきました。

私の退院日を延ばしてもらって、出来れば息子と一緒に産院を出たいとも思いましたが、人気の産院なので、多くない病室を占領することも出来ないし、そもそも息子の退院日が確定しないことから、しぶしぶ自宅に帰ることに。

家の車には、夫が寝不足になりながら前日に取り付けてくれたチャイルドシート（タクシー、バスなどの公共交通機関を除き、設置が義務付けられているので、入院直前にアマゾンで購入しました）が設置されていました。

そのチャイルドシートを見ながら、「一緒に乗りたかったな」と、また泣けてきたのを覚えています。

産院から家まではそんなに距離があるわけではないけれど、7日ぶりに見る外の世界はまるで現実感がなく、自分がＳＦ小説の中にいるような錯覚を覚えました。

入院中、病室には大きなテレビがあったけれど一度も見なかったし、外に出ることがないので天気予報などからも離れていました。ネットニュースには目を通していたし、友人がたくさん面会に来てくれたけれど、「外の世界」は人の気配が多く、雑然としていて、ちょっと怖いような気さえしました。

また、家に到着すると、家具の配置や高さなどが見慣れていない感じがして、たった1週間の入院なのに、長期間の旅行から帰ってきたようでした。

帰宅後も、スマホで撮った息子の写真や動画を見るたびに「早く会いたい」と涙が出ましたが、オムツやおしりふきを買い足したりして、息子が気持ちよく家に到着出来る環境を整えることに意識を向けました。また、久々に、自分の部屋でパソコンからブログを更新し、「数日後にはこの家に息子がいるんだ」と感慨深く感じたりしていました。

出産で女性が体に受けるダメージは交通事故のダメージと同じ、なんて言われますが、違うのは、本人の自覚です。会陰切開の傷は確かに痛いし、麻酔の後遺症などにより腹筋が弱くなっていて、尿もれもするし（おならが我慢できなくなる人もいるようです）、悪露は続くし、腰はガタガタで、私の場合は歩く時にずっと足をひきずっていたのですが、精神的には元気なんですよね。ついに退院したという高揚感、これから待望の子供を育てる「母親」生活が始まるという気負い、それから、家にいると、習性からつい家事をしなければいけない気になり、掃除、洗濯、炊事と体を動かしたくなる。そして、臨月の時に比べると、一気に体が軽くなりどこにもお腹はつっかえないし、足元も視界が良くて、動けるような気もしてしまう。出産は他にも経験している人が多いから平気、と心のどこかで軽く考えてしまうのです。

　こうやって自分の体力を過信して、「平気平気」と動く妻と、妻の言葉を信じて、家事をさせてしまう夫は、年をとって体にガタが来た時に「もしかしてあの時の……!」と後悔しかねません。産後数年たって、ぎっくり腰になったり、子宮が体の外に出てきて（子宮脱、と言います。知らない人は画像検索をしてみると、怖さが理解出来るかもしれませんが、エグいものが苦手だとトラウマになるかもしれないので注意）しまったりするそう。

　うちの母親の場合は、産後のある日、布団の上げ下ろしをしていたら、顎が外れたそうです。聞いた時は「出産でなぜ顎……?」と爆笑してしまいましたが、我が身で出産を終えてみるとさもありなん。体全体が出産前よりも、もろくなった気がしています。とはいえ、産後にオリンピックに出ているスポーツ選手などもいるので、絶望的になりすぎることもないと思いますが。

　出産後は体重もすぐには減らず、お腹の皮が伸びることは本などで予習済みだったけれど、おへそまで大きく広がって形が崩れることは「え、聞いてない」と思ったし、産後1

ヶ月の今、正中線が消える気配がありません。消えるか消えないかには個人差があるらしく、インスタグラムのコメント欄で聞いてみたところ「10年前の正中線がまだ残っています」という人もいました。昔、温泉で見て、手術痕《あと》だと思い込んだお腹の線は、正中線だったのだという気づきも得ました。

すべてをなかったことには出来ないし、「子供の顔を見ていたら全部忘れる」なんてきれいごとも言えません。

ただ、やっぱり、これほどの痛み、苦しみと、体がガタガタになるリスクがあってなお、「もう一人産みたい」と思ってしまうほど、子供は絶対的な存在であるのも事実。

痛みや苦しみのことで言えば、肉体的な痛みや苦しみは、その一瞬がピークであって、記憶とともに薄れます。例えば歯医者で感じる歯の痛みを、家に帰ってから、2ヶ月間ずっと感じ続けていた人なんていませんもんね。肉体的な痛みは、精神的な痛みのように、その瞬間以上に残ってしまうことはありません。だから出産は、痛いは痛いけれど、そこまで怖がりすぎなくていいと思います。怖がっても、事前に何が起こるかを知って「次はこうなる」とわかってさえいれば、痛みが襲ってきても確認作業になりますから（とはいえ私は無痛分娩なので、普通分娩の痛みはちょっと想像出来ません……）。

産後の仕事事情

休むことを恐れていたけれど、人生って長い！

無事に子供を産んだニュースがネットに流れた後は、ぽつぽつとですが、仕事依頼が戻ってきました。フリーランスの友人も、妊娠発表後、依頼が途絶えていたけれど、約半年で元の仕事量に戻ったというので、私もだんだん忙しくなってくるのかもしれません。けれど、仕事を受けたくても、今までと同じようにはいきません。まず、粉ミルクと混合とはいえ、母乳（退院後、出るようになりました）もあげているので、長時間は息子と離れられません。打ち合わせにしろ取材にしろ、外に行くたびに子供を誰かに預けないといけないし、出張もまだ怖い。首がすわって子供との外出に慣れてきたら、また状況も変わるかもしれないけれど、息子は人間初心者だし、私は母親初心者だし、若葉マーク同士の二人は、ちょっとしたお散歩でもおそるおそるという感じなのです。

　ここでまたどうしても、父親の身軽さと比べての不公平感を感じずにはいられません。「産後クライシス」――出産が原因で、主に妻が夫に嫌悪感を抱き夫婦仲が悪くなる――という言葉が頭をよぎるたびに、「私たちは違う」と抗いたい気持ちが湧くのですが、どういうわけか、気づけば私は基本的に家を守る人という役割を背負っていました。夫は何も気にせずに仕事や友人との約束をスケジュールにいれていますが、私は、一回一回、母に「家に来てもらえないかな？」と留守番を頼み、それが出来なければベビーシッターさんの手配をする。家事と同じく、どうしても、息子の世話の責任者＝私になっている。これに関してはじわじわと夫の意識を数年かけて変えることも必要かもしれませんが、あまり期待しすぎると恨みばかりが募るので「保育大臣は私、教育大臣は夫」と捉えています。夫は母乳は出せないし、夜泣きには反応が鈍いけれど、息子に対して「こんな子に育てたい」「こんな習い事をさせたい」という夢はたくさんあるようなんですよね。だから数年単位で見て、今は私が衣食住の世話をするけれど、もう少し大きくなってきたら、習い事への送り迎えや、お出かけの主導権は夫に握ってもらおうと思っています。

　息子が生まれ、黄疸で1日退院が延びた時に夫から「息子とはこの先の長い人生、ずーーっと一緒だから」と言われました。そう、人生って長いんですよね。だから、子育てに関しては今この瞬間だけでなく、長い目で見ることが必要だと感じています。

　仕事に関しては、妊娠前にそれまで全力を注いでいたオンラインサロン運営から手を引き、ちょうど変化のタイミングだったこともあり、この先何をしていこうかについては自分でも決めかねています。オンラインサロン運営期間は週に2回はセミナーやイベントに登壇し、地方も月に数回行っていたのですが、同じような働き方は到底出来ません。今、1日に入れられる予定は最大で二つ（ただし、予定を二つ入れた場合は家事がかなりおろそかになります……）。今後、保育園に入れられるかどうかや息子の成長度合いで、また状況も変わってくると思いますが、自分は何をしたいのか、どう生きたいのかを迫られています。

　周囲は「今は子育てに専念すればよい」と言ってくれますが、仕事と違って子育ては、世の中的な私の仕事の「実績」にはならない。お金も稼げない。「子育ては立派な仕事だ」と人には言えるくせに、自分に対してはなぜかそう思えません。子育てに専念することに、罪悪感と敗北感を覚えてしまうのです。仕事から逃げているのではないか、子育てを言い訳にしていないか、という気持ち。子供を育ててなお、結果を出さないと……というプレッシャーは世間から受けるのではなく、自分の内側から湧いてくるから、苦しい。

子育てか仕事かどっちかを選べれば、きっとこんなに苦しくはないのでしょう。でも、子育ては子育て、仕事は仕事としてやり遂げねば、と思うと、どちらかをやっている間はどちらかがおろそかになる感じを拭えず、気持ちがそわそわしてしまいます。男性もこんな気持ちになることはあるんでしょうか……。

現実問題、仕事の稼働時間はこれまでよりも少なくせざるを得ません。その少ない時間で何をやるか、どうやって結果を出すか。その方法に私はまだたどり着いていません。でも、それがすごく嫌というわけでもなく、子供とこれから経験するであろう様々な行事は、私の人生をこれまで以上に濃く、楽しくしてくれるはずという確信もあります。

私は「人生全部コンテンツ」を掲げて活動しているので、日々の様々な発見をどうやって生かしていくかは、これからの私の腕の見せどころであり、男性のビジネスマンやインフルエンサーとは違う、私ならではのユニークさになっていくはず。

常に、休むことを恐れていた自分と向き合う時期にもなっているかもしれません。あの宇多田ヒカルさんだって、メディアに一切出ずに「人間活動」に専念した時期がありました。また、最近、絶頂期に2年間休業した広末涼子さんのインタビュー記事を読んでいたら、「忘れられたらまた思い出してもらえばいい」という言葉があったんです。

それを見て、自分が思うほど人は自分のことを見ていないし、長い人生で見たら、数年間の休業なんてほんの一瞬なんだと気がラクになりました。自分が動き出せば、人はまた見てくれる。ずっと全速力で走り続ける必要はない。キャリアの先輩方を見ていると、そんな風にも思えてきました。

毎日の生活をイラストエッセイにしている「旦那観察日記」は、妊娠中も、意地で1日4投稿を貫きました。産後も、出産から1週間で投稿を再開しました。けれど、家に帰って子育てを始めてからは「1日4投稿ルール」も、守れない時は守れなくてもいいや、と思っています。

今の私の毎日は、朝起きて授乳を終えたら、子供がおとなしくしてくれている間に「旦那観察日記」を書く。そして、子供の面倒を見ながら各種SNSを更新。午後は息子を連れて散歩に行ったり、友達を家に招いたり、買い物に出かけることもあります。夜になると子供がグズることが多いので、あやしながら音声コンテンツや動画コンテンツの音だけを耳にいれて、インプットの時間にする……という感じ。週に3回くらいは外での予定もあります。家にいる時間が長いのは結構気に入っているけれど、友人たちの活躍をSNSを通して知ると、「私、全力で生きているっけ……?」とか「もっと頑張らないと……」

なんて気持ちが頭をもたげてしまうのも事実。でも焦ったところでどうしようもないのだから、「今はこれでいいんだ」と自分で自分を安心させることに努めています。それに、私はまだまだ若い。夫は、40歳ですが、39歳からYouTubeを始め、約1年で登録者数が60万人にまで伸び、韓国で一番有名な日本人と呼ばれるようになりました。国内でも本職であるAV以外のお仕事がどんどん増えていて、ここ数年でAVのお仕事とその他のお仕事の収入の割合が逆転しました。一番近くにいる夫がそんな風に、可能性を感じさせてくれることが何よりの安心になっています。

そうそう、出産で切った直後は痛くてたまらなかった会陰も、産後1ヶ月たつと、全く痛くなくなりました。「悪露」も1ヶ月検診の時にはほぼ終わっていました。妊娠中に出来たホクロも、副乳も正中線もまだ残っていて、体重は、あと4キロがなかなか落ちません（妊娠前体重47キロ、産前体重58キロ、現在51キロ）。でも、日々、パワーは戻ってきています。妊娠前の「何もやりたくない」と感じていた頃が嘘のように、今、何かを始めたい気持ちでうずうずしています。そのうち、ぱっと新しい何かをひらめいて、始めるかもしれません。

それから、出来ればもう一人子供が欲しいです。性別はどちらでもいいけれど、子供の頃から、いつか娘が出来たら一緒にお化粧をしたり、恋愛の話をしたりしたいと思っていたので、娘がいる生活も楽しいだろうなと想像することもあります。

妊娠・出産は大変だったけれど、やっぱり子供は可愛いし、子育ては楽しい。私が産んだ息子は、いったいどんな人生を歩んでいくのでしょうか。どうか力強く、楽しく生きてほしい。これから息子が見せてくれる景色はどんなものかと考えると、人生の楽しみが何倍にも増えた気がしています。

おわりに

しなくていい苦労はしなくていいと思う

まだ子供がいる生活に慣れていないせいもあるかもしれないけれど、毎朝起きて息子の顔を見るたびに、この子がここにいることのありがたさ、不思議さと共に、じわっとお腹の奥から湧いてくる幸福を感じます。自分以外に大事なものがこの世に存在することは、気持ちを強くもしてくれます。

とあるインフルエンサーの友人が、「私、つわりは全然なくて、お産もラクだった。みんなは、出産してから1ヶ月がつらいって言うけど、うちの子はよく寝てくれたから、私もぐっすり寝れて全然大変じゃなかった。だけど、そんなことはネットにはとても書けない」と言っていました。そんなことを書くと、苦労した人たちから反感を買うと同時に「あなたのように影響力のある人がそんなことを言うと、出産や子育てがラクだという印象を広めることになります」と攻撃されるでしょう。

実際、私も、妊活発表直後に妊娠したことや、リアルタイムと振り返りを混ぜて発信してしまったことで「妊活詐欺」と言われて炎上してしまい「妊活や不妊治療が簡単なものだという印象を広めないでください。あなたには語る資格なんてない」というメッセージが来ました。同じようなメッセージが、私と同時期に妊娠を発表した友人にも来ていたので、珍しいことではないのだと思います。

妊活にしても、出産にしても、子育てにしても、苦労をしなければ語る資格なんてない、苦労をした人こそが偉いと思う人たちもいます。けれど、苦労以外は語っちゃいけないなんてことはありません。たとえその人が出産で苦労をしていないからと言って、自分の個人的体験を語る資格がないとも思わないし、人生をトータルで見てラクをしているとも思えません。出産はラクだったかもしれないけれど、これから子供の反抗期がつらくなるかもしれないし、自分自身のキャリアが思うようにはいかなくなったかもしれないし、旦那さんとの仲がうまくいかないかもしれない。何もかもをつまびらかに公に見せている人なんていません。特にSNSでは、人の人生の華やかな部分が際立って見えてしまうけれど、人には人の苦労があるのです。

苦労を語ることを非難する人がいる一方で、苦労を語らないでほしいという人もいます。私の場合、子供が泣き止まないことや初めての育児への戸惑いを投稿したら、「子育てのリアルが知れて安心した」という声が寄せられる中で「子育てが怖くなる。悪影響だ」という趣旨のメッセージも来ました。

結局、感じ方は人それぞれだし、人は見たいものを見て、感じたいことを感じるのでしょう。子育てがつらい人もいれば、大変だけど楽しいという人もいます。同じ経験をしていても、耐えられる人も耐えられない人もいます。

私は、この本の中で、ラクだったことはラク、しんどかったことはしんどかったとストレートに伝えることを心がけてきたつもりです。ラクだったこともしんどかったこともすべて隠す必要はないと思うのです。この本は、ただの「私の話」ですから。読者の皆さんは、自分の体験と比較なんてせずに、ただの他人の体験を心地よい距離を持って受け止めてください。

実は、妊娠中に読んだ何冊かの本は、出産に対しての恐怖を煽るものに思えました。つわりがひどいと書かれた本を読みすぎて、妊娠した瞬間に不安になったし、自分のつわりが比較的ラクなことに対して罪悪感を覚えたこともありました。けれど、よく考えるとその罪悪感は抱かなくてもよかったものです。

また、旦那さんへの不満が事細かに書かれている本を読んだことによって、その人の怒りが自分に乗り移ってしまい、普段は気にならない夫の些細な言動にピリピリしてしまったこともありました。それらはそれらで、書いた人たちの体験や感想であることは間違いないけれど、私はなるべくなら読後に、「妊娠・出産が楽しみだな」と思ってもらえる本が書きたいと思いました。

この本を読んで、妊娠・出産が楽しみになってくれる人が増えたらとても嬉しいです。

私にとって妊娠・出産は自分自身が生まれ直すような体験でした。性格さえ変わったように思うのは、ホルモンの働きだけではなく、子供をお腹の中で育む過程の中で、自分の人生の優先順位が明らかになったり、子供に誇れるより良い自分になろうと、自分を見つめ直したせいもあるでしょう。これから、子供を一人の意志を持った人間に育てる過程で、まだまだ私も成長すると思います。

また、昨今は、女性の生きづらさに焦点があたる時代になってきています。そんな中で、女であることの苦しみや葛藤を自覚する機会は多かったけれど、妊娠・出産・育児に関して、女性同士の助け合いやしなやかさ、強《したた》かさに何度も感謝しました。リアルな知り合いも、ネット上の誰かも、何か疑問を発すれば、経験者が共感を示して、親切に教えてくれて、心強く思いました。

始まったばかりの子育ては、日に日に楽しさを増していきます。生後１ヶ月半の時点で、息子の体重は、生まれた時の２９１８グラムから、５キロまで増え、ふくよかになりました。顔つきも日々変わり、表情のバリエーションも増え、私のiPhoneのカメラロールはついに、１万枚を超してしまいました。出産時点で約７０００枚だったので、１ヶ月半で約３０００枚の写真を撮ったことになります。もちろん、ほぼ息子の写真です。夫は「そんなに撮ってどうするの」と笑いますが、一瞬一瞬変わっていく息子を全部記録しておきたくて、撮らずにはいられないのです。

仕事はもちろん、ちょっとした外出も自分の自由には出来なかったり、なんだかんだで大変なことは増えましたが、それでもやっぱり、人生で息子に出会えたことは今の時点での私の最大の幸せです。産後、友人に「子供が生まれた瞬間って、人生で一番嬉しかった?」と質問されたのですが、息子が生まれた瞬間からずっと、人生で一番幸せです。

子供が欲しいとずっと思っていましたが、想像していた以上のものを今、受け取れています。夫との関係も、これからまた変わっていくでしょう。きっといろいろ大変なこともあると思うけれど、これから始まる人生初の「子供がいる人生」、楽しみたいと思います。

○追記1

ここまでは妊娠中から産後1ヶ月半の間に書いたので、その後のことを少しだけ追記させてください。

産後4ヶ月の今、体重はほぼ戻りました（あと1キロで妊娠前の体重に戻ります）。正中線は薄くなり、副乳はなくなり、おヘソのサイズも少し戻り、出産直後より、胸が小さくなりました。

産後の抜け毛が始まりましたが、まだひどくはありません。

息子の体重は6キロを超えて、最近は声を出して笑ったり、手で物を掴むようになり、寝返りもできるようになりました。

産後２ヶ月からは息子の予防接種も始まり、「親」としての仕事も日々増えていますが、とても楽しくやっています。

子育てのリアルタイムな発信はＳＮＳで続けていますので、よかったらそちらにも遊びに来てください。

※ツイッター・インスタグラム、共に@ha_chu

（２０２０年１月）

○追記２

最後の原稿チェックをしている今、体重は出産前の体重（47キロ）に戻っています。息子は７キロになりました。そして、あやすとよく笑ってくれます。今のところ子育ては、最高に楽しいです！

（２０２０年３月）

はあちゅう

巻末付録

○入院前に買ってよかったもの

ベビー服……いろんな人からもらいますが、退院日から必要なので1セット買っておくとよいと思います。私は「新生児用」と書いてあるものをネットで買いました。洋服、帽子、スタイなどは出産祝いでたくさんいただきました。おくるみも結構いただくので、退院日用のものだけ買えばよいかもしれません。

私は友達が少ない自覚があり、友人から「おくるみは出産祝いでたくさんもらえるよ」と聞いても「私、友達いないから」としっかり買って備えました。それでも、おくるみをくれる人はたくさんいて、ベビーベッドの下の収納スペースが完全におくるみに占領されました。

ミルトン……今は電子レンジでチンするタイプの殺菌方法が時短で人気とも聞きましたが、(1)おもちゃなども殺菌できる、(2)旅行中も使えることから、私はミルトンを使っています。

煮沸、電子レンジ、ミルトン、それぞれにメリット・デメリットがあるのでネットで比較したり、先輩ママに聞いてみるといいと思います。

哺乳瓶……小さいのを2本買っておいたので退院後、焦らずに済みました。ただ、たくさん買いすぎなくてもよいと思います。後から哺乳瓶用の乳首も、乳頭混乱を防ぐための乳首がいいなどの、様々な知恵をつけたので……！

　育児はＯＪＴなので、日々知識が増えていきます。よくわからないものは必要だと感じた時に買いましょう。

タイガーマイコン電動ポット（2・2ℓ）……病院で温度調節が3段階ある電動ポットで粉ミルクを作っていたのを見て、夫が同じものを買ってくれました。これがあれば粉ミルクは、全く苦じゃなくなります。家にはウォーターサーバーもあるので正直いらないのでは？　と思ったのですが、ウォーターサーバーよりも使いやすく、電動ポットは電動ポットで必要だと思いました。

　これを買ってからは、私も、あたたかいお茶を今まで以上に飲むようになりました。妊娠中からあってもよかったかもしれません。

ベビーベッド……レンタルでもいいという人や、全く使わなかったという人もいますが、うちは買いました。赤ちゃんの定位置があると、お世話がラクです。早めに買ってベビーが家に来る前に組み立てておくとよいと思います。

○入院中～退院してからでよいもの

粉ミルク……私は最初から母乳、粉ミルクの混合で行こうと決めていたので、哺乳瓶を買っていましたが、粉ミルクは産院でいただいたのでまとめて買わなくて正解でした。それから、粉ミルクは、子供によって合う・合わないがあるので、いろいろなメーカーを試したほうがよいらしいです。うちの子はいろいろ試した結果、和光堂の「はいはい」が一番合うようです。外出時はグリコの液体ミルク「アイクレオ」を持ち歩いてます。

授乳ブラ、授乳服……入院時から1、2着あるとよいけれど大量には買わなくてよいと思います。ネットで評判のよいものを1着ずつ買って、気に入ったものを後から、買い足しました。妊娠中にはきつく感じたブラが、出産後、お腹のボリュームが減ったらぴったりになったので、妊娠中の試着は無意味でした。

オムツ、おしりふきシート……どこのメーカーのものがよいのか、そもそもどれだけ種類があるのかもわからなかったので、産院で使っていたものと、同じものを買いました。これも哺乳瓶や粉ミルクと同じで、いろいろ試すうちにマイベストが見つかります。おしりふきとオムツは同時に買っていいと思います。どちらも、想像以上に消費します。

○買ったけれど使わなかったもの

乳頭保護器……使い方もわからぬまま、みんなが買うものだと思って買ったのですが、周りに使っている人はいませんでした。これをつけると、息子が全く乳首を吸ってくれませんでした。授乳時に乳首の痛みを感じる人のみ、あとから買い足すとよいと思います。

自動さく乳器、母乳保存袋……あまり母乳にこだわっておらず「外にいる時は、粉ミルクでいっか!」と思っているのと、さく乳するほど母乳が出ず……。結局、産後4ヶ月までで2回しか使っていません。買う場合は、手動だとめちゃ手が痛くなるので高くても電動がオススメです。抱っこなどで手を酷使して、ただでさえ育児腱鞘炎になりやすいので、数千円の違いで、手を守れるのなら治療費よりも安いです。

★入院準備品や産後に購入したもの、お気にいりの絵本やおもちゃはアメブロと楽天ＲＯＯＭにのせており、随時アップデートしているので、よかったらそちらをご参考ください。

旦那観察日記

https://ameblo.jp/mofu-everyday

はあちゅう楽天ＲＯＯＭ

https://room.rakuten.co.jp/hachu/items

アートワーク　長谷川洋子
ブックデザイン　小口翔平＋岩永香穂＋大城ひかり（tobufune）

はあちゅう

ブロガー・作家。慶應義塾大学法学部卒。電通コピーライター、トレンダーズを経てフリーに。「ネット時代の新たな作家」をスローガンに、媒体を横断した発信を続ける。2018年7月にAV男優・しみけん氏との事実婚を発表。19年9月に第一子を出産。『仮想人生』『「自分」を仕事にする生き方』『恋が生まれるご飯のために』(すべて幻冬舎)、『旦那観察日記』(スクウェア・エニックス)、『半径5メートルの野望』『通りすがりのあなた』(ともに講談社)など著書多数。

ツイッター・インスタグラム:@ha_chu

子供がずっと欲しかった
事実婚妻が体験した妊娠・出産のこと、全部。

2020年4月15日　第1刷発行

著　者　はあちゅう
発行人　見城 徹
編集人　菊地朱雅子
編集者　竹村優子
発行所　株式会社 幻冬舎
〒151-0051 東京都渋谷区千駄ヶ谷4-9-7

電話　03(5411)6211(編集)
03(5411)6222(営業)
振替　00120-8-767643

印刷・製本所　株式会社 光邦

検印廃止

万一、落丁乱丁のある場合は送料小社負担でお取替致します。小社宛にお送り下さい。本書の一部あるいは全部を無断で複写複製することは、法律で認められた場合を除き、著作権の侵害となります。定価はカバーに表示してあります。

ISBN978-4-344-03595-9　C0095
幻冬舎ホームページアドレス　https://www.gentosha.co.jp/

この本に関するご意見・ご感想をメールでお寄せいただく場合は、comment@gentosha.co.jpまで。